RLTLN 2014: Reseaux Lexicaux pour le TAL

(RLTLN 2014: Lexical Networks for NLP)

TALN-RECITAL 2014 Workshop

Marseille, France
1 July 2014

ISBN: 978-1-63439-520-5

Printed from e-media with permission by:

Curran Associates, Inc.
57 Morehouse Lane
Red Hook, NY 12571

Some format issues inherent in the e-media version may also appear in this print version.

Printed by Curran Associates, Inc. (2014)

For permission requests, please contact the Association for Computational Linguistics at the address below.

Association for Computational Linguistics
209 N. Eighth Street
Stroudsburg, Pennsylvania 18360

Phone: 1-570-476-8006
Fax: 1-570-476-0860

acl@aclweb.org

Additional copies of this publication are available from:

Curran Associates, Inc.
57 Morehouse Lane
Red Hook, NY 12571 USA
Phone: 845-758-0400
Fax: 845-758-2634
Email: curran@proceedings.com
Web: www.proceedings.com

TABLE OF CONTENTS

Actes de l'atelier « Réseaux Lexicaux et Traitement des Langues Naturelles.

Michael Zock, Gemma Bel-Enguix et Reinhard Rapp
LIF, Aix Marseille Université, Marseille, France
michael.zock@lif.univ-marseille.fr, gemma.belenguix@gmail.com, reinhardrapp@gmx.de

Préface

1 Présentation du champ

La façon dont nous regardons les *unités lexicales*, leur organisation et utilisation a radicalement changé ces dernières décennies. Décrites dans des dictionnaires et considérées comme des annexes de la grammaire dans les années 80, nous les considérons aujourd'hui comme de la matière première en TAL. Si à l'époque on utilisait encore le terme 'dictionnaire', on parle aujourd'hui plutôt de 'ressource lexicale' pour souligner le fait que les données lexicales sont exploitables par la machine et qu'elles sont annotées et organisées différemment selon leurs finalités (lexiques, dictionnaires, thesaurus, ontologies ; ...). Il y a désormais un très grand nombre de ressources lexicales (WordNet et ses nombreux descendants, puis, FrameNet, VerbNet, PropBank ; ...), ressources que l'on a essayé de standardiser (http://en.wikipedia.org/wiki/UBY-LMF), de lier entre elles (http://verbs.colorado.edu/semlink/) ou de lier à des encyclopédies comme Wikipédia (BabelNet, http://en.wikipedia.org/wiki/BabelNet).

Au début de l'histoire des dictionnaires électroniques, on a essayé de construire les ressources (automatiquement) à partir des dictionnaires imprimés (Ide & Véronis, sites.univ-provence.fr/veronis/publis.html). Cependant, on a vite rencontré des problèmes à cause de la pauvreté de la source. Les informations contenues dans les dictionnaires papier étaient insuffisantes pour permettre ensuite une exploitation convenable par la machine (génération et analyse automatique de textes). Étant donné que le but principal était d'exploiter la ressource au moyen de la machine, et que l'on avait désormais accès à de vastes corpus, on s'est efforcé de construire des ressources contenant des informations plus riches, plus explicites et mieux structurées. Concernant ce dernier point, WordNet (WN) a joué un rôle capital. Paradoxalement WN a eu davantage de succès en TAL qu'il n'en a eu auprès des utilisateurs consultant la ressource (pour chercher des mots), ou auprès des psycholinguistes étudiant le lexique mental. Ceci dit, WN a eu un effet incontestable au niveau théorique. Il a profondément modifié notre manière de voir la structure des ressources lexicales. Dorénavant, on ne les considère plus comme des listes plates de mots, ou comme des listes structurées alphabétiquement (dictionnaire papier), mais plutôt comme des graphes (réseaux lexicaux) dont les noeuds sont les mots et liens les différents types de relations lexicales.

Parallèlement à l'évolution des ressources lexicales, on a pu observer une explosion de travaux portant sur les graphes (graphes complexes, phénomène 'petit monde', etc.). Ces derniers semblent se prêter à merveille à la modélisation de nombreux domaines (Barrat, 2008, Barabási, 2003) y compris la langue. En effet, il y a eu de nombreux travaux montrant leur pertinence pour capter le *sens* des mots et celui des phrases (Bieman, 2012; Mihalcea et Radev, 2011; Widdows, 2004; Sowa, 1991) ou pour modéliser divers aspects du « monde » lexical : *structures associatives* (Schvaneveldt, 1989, Nelson et al., 1998), *structure* du dictionnaire (Gaume et al. 2008), *densité lexicale*, *distance moyenne* entre les mots (Vitevitch, 2008), *accessibilité* (Ferrer i Cancho & Sole, 2001), *aspects dynamiques* des graphes (Dion, 2012), etc.

Les graphes sont essentiellement une forme de représentation mathématique et visuelle des relations entre des objets/entités. C'est une forme de langage. Les objets (noeuds) et les liens peuvent être de nature très différentes (pour ne pas dire, quelconque) et leur poids ou direction peuvent être variables (uni-/bi-directionnel). Par exemple, le noeuds peuvent être des *personnes* (réseaux sociaux), des *lieux* (stations, villes, pays), des *objets* (astres, galaxies) ou des unités de la langue. Dans ce dernier cas, les graphes permettent de représenter des informations de différentes nature à différents niveaux :

- le *sens des mots* (graphes définitions) ;
- le *sens de la phrase* (relations entre les mots formant une phrase : réseaux sémantique, graphes conceptuels) ;

- le *sens du texte* (la relation de phrases ou leur organisation pour former un texte,) ;
- l'*organisation* des *mots* dans le *lexique* mental au niveau micro- et macro-structurel, liant soit le sens à la forme, soit les mots entre eux (réseaux lexicaux, réseaux associatifs).

Dans tous ces cas, nous avons recours au même formalisme, seule la nature des liens et celle des objets liés (noeuds) sont différentes.

Il y a donc deux grandes familles de chercheurs s'intéressant à des aspects complémentaires. Les uns s'intéressent à des données concrètes comme les *lemmes*, et les autres s'intéressent à la représentation de leur organisation (topologie) sous forme abstraite comme les *graphes*. C'est pour encourager l'échange d'idées entre ces deux mondes (les acteurs du monde TAL engagés dans la construction de ressources et les théoriciens des réseaux) que nous organisons cet atelier.

Se pose ensuite le problème de savoir comment se servir de ces graphes en TAL, ou comment se servir du TAL pour construire ce type de graphes. On pourrait également chercher à savoir comment l'un ou l'autre pourraient assister un être humain pour traiter la langue (accès lexical en production). Dans ce dernier cas, le TAL serait au service de l'être humain. On fait du TAL pour permettre du TIL (traitement interactif de la langue). Bien que très utile et tout à fait possible, cette dernière possibilité est rarement envisagée. Considérant cet aspect du traitement de la langue comme non pertinent on le laisse de côté, ce qui, vu son importance, est vraiment dommage. Peut-être cette rencontre est-elle une occasion d'y remédier.

2 Thèmes

Pour organiser cet atelier nous avions sollicité des soumissions portant sur l'ensemble des thèmes évoqués ci-dessus et plus particulièrement sur :

- l'*origine des données* permettant la construction des ressources : corpus, web, blogs, courriels, êtres humains (liste d'associations) ;
- la *méthode de construction* de la ressource: automatique, semi-automatique, collaborative (par des jeux) ;
- la *structuration des données* : alphabétique, thématique, liens sémantiques, liens associatifs ;
- la *caractérisation topologique du dictionnaire mental* (distribution, densité relative) et de son *évolution* ;
- *les facteurs affectant le poids des liens* ou des *noeuds* (aspects dynamiques des graphes) : fréquence, saillance, récence, changement de thème, etc. ;,
- l'*exploitation* ou *utilisation* de la ressource (ou d'une de ces transformations) : transformation du graphe en arbre pour assister l'accès lexical (navigation) ;
- l'*apprentissage automatique de liens* (repérage de relations sémantiques) ;
- la *visualisation* et *manipulation des graphes* (traduction en arbre, clustering, calcul de similarité sémantique) ;
- les *propriétés mathématiques* des réseaux lexicaux et l'*accessibilité des mots grâce à ces caractéristiques* (phénomène du 'petit monde') ;
- la *modélisation* des *variations linguistiques* et des *changements* de la langue (évolution du lexique).

3 Présentation des articles

Les articles retenus traitent les aspects suivants : désambigüisation lexicale, similarité structurelle entre des réseaux lexicaux, amélioration de navigation dans des ressources comme WordNet, facteurs socio-linguistiques affectant l'évolution d'une langue, accès lexical en mode production.

Gilles Sérasset (conférencier invité): *Réseaux Lexicaux, Traitement des Langues, et Données Liées Ouvertes*

S'appuyant sur les travaux réalisés dans le cadre des projets Papillon, LexALP et DBnary, l'auteur cherche à montrer en quoi, l'utilisation du format des donnés liées ouvertes, est logiquement l'étape suivante dans notre étude du lexique.

Laroussi Merhbene, Anis Zouaghi et Mounir Zrigui : *Approche basée sur les arbres sémantiques pour la désambiguïsation lexicale de la langue arabe en utilisant une procédure de vote*

Les auteurs proposent une approche semi-supervisée de désambigüisation lexicale des mots arabes. La partie supervisée a pour but de classifier les contextes des mots ambigus en tenant compte de leur sens. La partie non supervisée utilise la notion de vote pour classifier les mesures de collocations et pour choisir le sens convenable.

Bruno Gaume, Emmanuel Navarro, Yann Desalle et Benoît Gaillard : *Mesurer la similarité structurelle entre réseaux lexicaux*

L'objectif de ce travail est de comparer la structure topologique de différents réseaux lexicaux en utilisant la méthode des marches aléatoires. Au lieu de caractériser les paires de sommets selon un critère binaire de connectivité, les auteurs mesurent leur proximité structurelle par la probabilité relative d'atteindre un sommet à partir d'un autre. Comme cette méthode permet de rapprocher les sommets d'une même zone dense en arêtes, elle permet par la même occasion de comparer la structure topologique des réseaux lexicaux.

Guy Lapalme : *WordNet en XML-HTML*

L'auteur présente une version XML de WordNet permettant une consultation plus facile par l'être humain ou la machine que la version originale. Partant des fichiers XML ont peut générer des fichiers HTML ce qui permet d'explorer les synsets avec un simple navigateur internet. Un 'démonstrateur' en Java illustre la facilité d'accès à l'information en XML pour diverses applications de TAL.

Gemma Bel-Enguix : *Linguistic Convergence in Societies with Asymmetrically Distributed Reputation*

L'auteur essaie de modéliser l'évolution d'une langue, par exemple, l'évolution du sens de mots, en jouant sur plusieurs paramètres socio-linguistiques. Ce type de recherche permet de simuler l'importance des structures sociales sur l'évolution d'une langue ou le changement d'une structure linguistique particulière.

Michael Zock et Didier Schwab : *Stocker des Mots ne Garantit nullement leur Accès.*

Les auteurs tentent de montrer (a) que mémoriser une forme lexicale ne garantit nullement son accès et (b) comment construire une aide navigationnelle permettant à un auteur (locuteur, rédacteur) de trouver le mot bloqué sur le bout de sa langue (ou de sa plume), car, si les dictionnaires sont relativement bien faits pour les récepteurs (lecteurs), ils ne sont pas toujours à la hauteur des attentes des producteurs (problèmes d'entrée, problèmes de navigation).

4 Conclusion

Vu le dynamisme du domaine où de 'nouvelles' théories comme les *méthodes vectorielles* (Widdows, 2004, Vitevitch, 2008), la *sémantique distributionnelle* (Sahlgren, 2008), et la *mémoire distributionelle* (Baroni et Lenci, 2010) etc., ont vu le jour et se sont généralisées, et vu le vivier du monde francophone travaillant sur les ressources lexicales nous étions très surpris du faible nombre de soumissions. Il n'est pas facile de savoir ce qui a pu causer ce 'silence', car il contraste énormément avec le succès d'un autre événement, consacré à des problèmes très voisins : CogALex (http://pageperso.lif.univ-mrs.fr/~michael.zock/CogALex-IV/cogalex-webpage/index.html). Il est vrai qu'étant lié à une conférence majeure de notre discipline, Coling, cet atelier attire naturellement un bien plus grand nombre de collègues, d'autant plus qu'il contient une tâche partagée consacrée à un des grands défis de la lexicographie informatique, la navigation dans une ressource lexicale afin de trouver le mot que l'on a sur le bout de la langue, mot qui est stocké dans la ressource, sans que l'on puisse nécessairement le localiser pour autant.

Références

BARABÁSI, A.-L. (2003). Linked: How Everything is Connected to Everything Else and What It Means for Business, Science, and Everyday Life. Plume

BARONI, M. et A. LENCI. (2010). Distributional Memory: A general framework for corpus-based semantics. *Computational Linguistics* **36** (4): 673-721.

BARRAT, A. et al. (2008). Dynamical Processes on Complex Networks, Oxford University Press

BIEMANN, C. (2012). Structure Discovery in Natural Language . Theory and Applications of Natural Language Processing. Springer Berlin / Heidelberg.

DION, D. (2012). Dynamiques d'évolution de graphes de cooccurrences lexicales. Thèse de doctorat, Bordeaux.

FERRER i CANCHO, R., et SOLE, R. V. (2001). The small world of human language. Proceedings of The Royal Society of London. Series B, Biological Sciences, 268, 2261–2265.

GAUME, B., DUVIGNAU, K., PREVOT, L. et DESALLE, Y. (2008). Toward a cognitive organization for electronic dictionaries, the case for semantic proxemy. Cogalex-1, Coling, Manchester

MIHALCEA, R. et RADEV, D. (2011) Graph-based natural language processing and information retrieval. Cambridge University Press, Cambridge,

NELSON, D., McEVOY, C. & SCHREIBER, T. (1998). The University of South Florida word association, rhyme, and word fragment norms. http://w3.usf.edu/FreeAssociation/

SAHLGREN, M. (2008). The Distributional Hypothesis. *Rivista di Linguistica* 20 (1): 33–53.

SCHVANEVELDT, R. editor. (1989). Pathfinder Associative Networks: studies in knowledge organization. Norwood. N.J.

SOWA, J. (1991) Principles of Semantic Networks: Explorations in the Representation of Knowledge, edited by J. F. Sowa, Morgan Kaufmann Publishers, San Mateo, CA

VITEVITCH, M. S. (2008). What can graph theory tell us about word learning and lexical retrieval? Journal of Speech, Language, and Hearing Research, 51, 408–422.

WIDDOWS, D. (2004). Geometry and Meaning. Stanford, CA: CSLI. (http://www.puttypeg.net/book/)

5 Membres du Comité de Programme

Cristea, Dan	(University A.I.Cuza, Iasi, Romania)
Ferrer i Cancho, Ramon	(LARCA, université polytechnique de Catalogne, Barcelone, Espagne)
Ferret, Olivier	(CEA LIST, Gif sur Yvette, France)
Francopoulo, Gil	(Tagmatica, Paris, France)
Grefenstette, Gregory	(INRIA, Saclay, France)
Lenci, Alessandro	(Université de Pise, Italie)
L'Homme, Marie-Claude	(Université de Montréal, Canada)
Ploux, Sabine	(L2C2, Institut des Sciences Cognitives, Lyon, France)
Prévot, Laurent	(LPL, Université Aix Marseille, Aix en Provence)
Schwab, Didier	(LIG-GETALP, Grenoble, France)
Sérasset, Gilles	(LIG, Grenoble, France)

Réseaux Lexicaux, Traitement des Langues, et Données Liées Ouvertes

Gilles Sérasset
Univ. Grenoble Alpes, LIG, GETALP, F-38000 Grenoble, France
CNRS, LIG, GETALP, F-38000 Grenoble, France
gilles.serasset@imag.fr

Résumé. Ces dernières décennies, notre regard sur les données lexicales informatisées a beaucoup évolué. D'abord annexe lexicale d'une grammaire ou d'une application, les dictionnaires d'application sont devenues bases lexicales dans lesquelles s'agrégeaient les données de différents modules. L'effort suivant s'est concentré dans la normalisation du format, avec notamment un mouvement massif vers le tout XML. Le travail de normalisation des structures des lexiques a suivi ensuite. Mais, alors que les normes restent structurellement proches des dictionnaires originaux (vus comme une collection d'entrées organisées de manière arborescentes), ont émergé des modèles de lexiques pensés comme des graphes.

Parallèlement, les travaux dans le domaine du Web Sémantique nous ont donné les moyens de représenter, manipuler et surtout partager nos ressources lexicales. En adoptant une représentation en RDF (Resource Description Framework), ainsi que l'approche des données liées ouverte (Linked Open Data), nous avons enfin les moyens de lier, fusionner, parcourir l'ensemble des ressources lexicales *comme s'il ne s'agissait que d'une seule ressource.*

Dans cette présentation, en m'appuyant sur les travaux réalisés dans le cadre des projets Papillon, LexALP et DBnary, j'essaierai de montrer en quoi, au delà de l'effet de mode actuel, l'utilisation du format des donnés liées ouvertes, est l'étape suivante naturelle dans notre étude du lexique.

Abstract. In recent decades, we have greatly changed the way we think about lexical data. First seen as a laxical annex of a grammar or an application, the application dictionaries became lexical databases which aggregates data from different modules. The next effort was concentrated in the standardization of format, with a massive movement towards XML. The work on standardization of lexical structure followed then. But while standards remain structurally close to the original dictionaries (seen as a collection of entries organized as trees), we now think the lexicon as graphs.

Meanwhile, the Semantic Web movement has given us the means to represent, manipulate, and share our lexical resources. By adopting RDF (Resource Description Framework)representation, and the Linked Open Data approach, we finally have the means to link, merge, browse all lexical resources *as if they were an unique resource.*

In this presentation, with the help of work done under the Papillon, LexALP and DBnary projects, I will try to show how, beyond the hype, Lexical Linked Open Data is the natural next step in our study of the lexicon.

Mots-clés : Données liées ouvertes, lexiques, traitement des langues.

Keywords: Linked Open Data, Lexicon, Natural Language Processing.

Approche basée sur les arbres sémantiques pour la désambiguïsation lexicale de la langue arabe en utilisant une procédure de vote

Laroussi Merhbene[1] Anis zouaghi[2] Mounir zrigui[3]
(1) LATICE, Faculté des Sciences Juridiques, Economiques et de Gestion de Jendouba
(2) LATICE, ISSAT Sousse, Université de Sousse, Tunis
(3) LATICE, Faculté des sciences de Monastir, Monastir, Tunis
aroussi.merhben@hotmail.com, anis.zouaghi@gmail.com, mounir.zrigui@fsm.rnu.tn

Résumé. Le problème de désambiguïsation lexicale du sens des mots est l'un des plus vieux problèmes de traitement du langage naturel. Dans cet article, nous proposons une approche semi-supervisé pour la désambiguïsation lexicale des mots arabes. La partie supervisée de notre méthode utilise le corpus et le dictionnaire comme ressources pour classifier les contextes du mot ambigu selon le sens. Le regroupement de ces contextes est représenté sous forme d'arbre sémantique. Par la suite nous allons faire la correspondance entre l'arbre sémantique (de chaque sens) et l'arbre de la phrase à désambiguïser pour obtenir un graphe acyclique pondéré. Nous avons défini une nouvelle mesure de score (en utilisant trois mesures de collocation) pour trouver l'arbre sémantique la plus proche. La partie non supervisé de ce travail est basé sur une procédure de vote permettant de classifier les mesures de collocations et de choisir le sens correct du mot ambigu.

Abstract. The problem of word sense disambiguation is one of the oldest problems of natural language processing. In this paper, we propose a semi-supervised approach to word sense disambiguation. The Supervised part of our method uses the corpus and the dictionary as a resource to classify the contexts of the ambiguous word by sense. The combination of these contexts is represented as semantic tree. Thereafter we will make the correspondence between the semantic tree (of each sense) and the tree of the sentence to be disambiguated to obtain a weighted directed acyclic graph. We have defined a new measure score (using three measures of collocation) to find the nearest semantic tree. The unsupervised part of this work is based on a voting procedure for classifying measures collocations and chooses the correct meaning of the ambiguous word.

Mots-clés : Gloses, Extraction de racines, Correspondance de mots, groupement de contextes, arbre sémantique, mesure de collocation, procédure de vote.

Keywords: Glosses, Stemming, string-matching, Context clustering, semantic tree, collocation measures, voting procedure.

1 Introduction

La Désambiguïsation lexicale dans sa définition la plus large est rien de moins que de déterminer le sens de chaque mot dans son contexte, ce qui semble être un processus largement inconscient des gens. Comme un problème de calcul, il est décrit comme «AI-complet" (Ide et Véronis 1998).

L'importance du WSD a été largement reconnue en informatique linguistique ; plusieurs centaines d'articles publiés dans l'ACL Anthology mentionnent le terme «Word Sense Disambiguation". Le WSD est considéré comme un catalyseur pour d'autres tâches et les applications de traitement du langage naturel (TALN), telles que l'analyse, l'interprétation sémantique, la traduction automatique, la recherche d'information, la recherche de texte et l'acquisition d'information lexicale.

Plusieurs systèmes de désambiguïsation lexicale qui se basent soit sur des approches supervisées, non supervisées, à base de connaissances ou hybrides, retournent des taux de précision au niveau de 90% ou plus (Agirre et al., 2006). Ces travaux portent généralement sur un nombre limité de mots et le plus souvent sur des noms dont il y a une large variance de sens entre eux.

Le non supervision signifie qu'il n'y a pas une intervention de l'humain lors du processus de désambiguïsation, ceci est un avantage. Tandis que l'intervention de l'humain pour faire l'apprentissage peut augmenter les performances de notre méthode.

En accord avec cette idée, nous présentons dans ce papier une méthode semi-supervisée pour la désambiguïsation lexicale des mots arabe. La partie innovante dans ce travail est la construction d'un arbre sémantique pour chaque sens du mot ambigu. En outre, nous définissons une procédure de vote qui donne un poids pour les mesures de collocation (utilisés pour mesurer la correspondance entre l'arbre sémantique de chaque sens et l'arbre de la phrase originelle).

Ce papier contient quatre sections, la deuxième section décrit la méthode de désambiguïsation des mots arabes. Les résultats expérimentaux sont décrits dans la section trois. Enfin, la quatrième section constitue la conclusion.

2 Description du système proposé pour la désambiguïsation lexicale des mots arabe

Les méthodes semi-supervisées de désambiguïsation lexicale sont une combinaison entre les méthodes supervisées et non supervisées. En s'inspirant des méthodes de représentation des clusters telles que l'arbre et le réseau lexical (Mihalcea, 2004) et (Navigili et al, 2005), nous avons développé une structure appelée arbre sémantique. Cette dernière est représentée sous forme d'arbre ou les mots clés sont classés selon leur influence sur le sens du mot ambigu. Ce traitement est basé sur l'extraction des racines (des mots appartenant aux phrases contenant le mot ambigu) et l'utilisation de l'algorithme de recherche d'une sous chaine approchée dans une chaine pour trouver les occurrences de ces racines et générer les contextes d'utilisation des mots ambigus.

Ensuite, pour déterminer le sens exact, nous avons défini une nouvelle mesure de similarité basée sur un graphe (obtenu en faisant la correspondance entre l'arbre sémantique et l'arbre de la phrase à désambiguïser) pour trouver l'arbre sémantique la plus proche de l'arbre généré pour la phrase originelle contenant le mot à désambiguïser. Cette dernière peut proposer plus qu'un sens, c'est la raison pour laquelle, nous avons défini une procédure de vote.

Dans ce qui suit, nous décrivons avec plus de détails chaque étape citées ci-dessus.

2.1 Inventaire de sens

L'inventaire de sens est l'une des problématiques majeures des travaux de désambiguïsation lexicale. Nous avons défini une méthode permettant de générer automatiquement pour chaque sens possible du mot ambigu des clusters (Mots clés appartenant aux paragraphes des mots ambigus) permettant de le définir. Certaines étapes de prétraitement seront appliquées à ces groupes et sont détaillées dans la partie suivante.

2.1.1 Prétraitements

En utilisant le corpus, nous allons collecter les phrases contenant les racines des mots à désambigüiser (exp: le mot «العيـــن" "Alayn" nous devons chercher la racine "عيـن" "ayn"). La segmentation de ces phrases est basée sur la ponctuation (., ;, !; ?, etc) et sur le nombre de mots contenus dans une phrase qui doivent être plus que trois.

Ensuite, on élimine les mots vides qui apparaissent fréquemment dans le corpus et n'ont pas une influence sur le sens du mot. La plupart des techniques proposées pour cette tâche (Zou et al., 2006) (Alajmi et al., 2012) sont fondées sur l'idée que les mots vides se produisent avec une fréquence beaucoup plus grande que les mots. Dans l'étude comparative (El-Khair, 2006) trois listes de mots vides ont été utilisées. La première est une liste générale, la seconde a été établie en utilisant une statistique de corpus et le troisième est la combinaison des deux listes. Pour la tâche de recherche d'information, il a été conclu que la première liste a donné les meilleurs résultats que les deux autres listes.

Pour cela, dans ce travail, nous avons utilisé une liste générale contenant 29,985 mots vides. Cette liste a été élaborée par des linguistiques arabe et considérée comme suffisante pour la tâche de désambiguïsation du sens des mots. Plus de détails seront donnés dans les résultats expérimentaux.

2.1.2 Extraction des racines

Chaque mot arabe, nom ou verbe, est généralement basé sur trois lettres et quelques fois sur quatre ou deux lettres. Dans le but d'extraire les racines des mots arabes, nous avons utilisé l'algorithme de «Al Shalabi Kanaan et Al serhan» (Al-Shalabi et al., 2003) qui n'utilise pas de ressources.

Cet algorithme, permet l'extraction de la racine en assignant des poids et des rangs aux lettres constituant un mot. Les poids sont des nombres réels entre 0 et 5. Il divise l'alphabet arabe en 6 groupes. Ces poids affiliés aux lettres ont été déterminés à travers des expériences sur des textes arabes. Le rang de l'ordre des lettres dans un mot dépend de la longueur de ce mot, et si le mot contient un nombre pair ou impair de lettres.

Suite à la détermination du poids et du rang de chaque lettre dans un mot, les poids des lettres sont multipliés par le rang de la lettre. Les trois lettres ayant la plus petite valeur du produit constituent la racine (lire de droite à gauche). Cet algorithme obtient un taux de 90% (Al-shalabi et al., 2003).

La sortie de cet étape est une liste de racines des mots qui constituent les mots appartenant aux gloses $R(g_i) = \{ R_1, R_2, \ldots, R_n\}$, ou g_i est la $i^{éme}$ glose et R_n est la $n^{iéme}$ racine obtenu.

2.1.3 Groupement des sens

L'idée de regroupement des sens est que les phrases extraites du corpus seront classées en groupes en utilisant les racines des mots appartenant aux gloses. Nous utilisons la liste des racines obtenues par la dernière étape et l'algorithme de recherche d'une sous-chaine approchée dans une chaine (Elloumi, 1998) pour trouver les occurrences possibles des racines.Cet algorithme est composé de deux parties essentielles. À l'aide de l'algorithme de remplissage (voir figure 2), nous arrivons à remplir la matrice contenant les deux mots à comparer.

```
Début
(i) (i.a) Construire une matrice M de taille (|x|+1)*(|t|+1); //
Remplissage
  (i.b) pour i:=1 à |x| faire M[i,0]:=i*δ ffaire;
          pour j:=0 à |t| faire M[0,j]:= 0 ffaire;
   (ii)   pour i:=1 à |x| faire
            pour j:=1 à |t| faire
               M[i,j]:= min{ M[i-1,j-1]+1,
                             M[i,j-1]+1,
                             M[i-1,j]+ δ }
            ffaire
          ffaire
```

FIGURE 1 : Première partie « Remplissage de la matrice » de l'algorithme recherche d'une sous-chaine approchée dans une chaine.

Soient t et x deux chaînes telles que |x|<|t| et δ = cout de substitution. Par la suite on utilise l'algorithme de traçage arrière (voir figure 3) pour trouver la plus courte sous séquence commune. Soient γ le coût d'insertion et $\sigma_{i,j}$ le coût de surpression. Les mots contenant cette sous séquence commune seront considérés comme des occurrences de la racine. Une liste $L(R_i)$ d'occurrences sera générée des racines obtenues à partir de la dernière étape.

```
    (iii)    (iii.a)    Choisir    q,    1≤q≤|t|,    telle    que
 M[|x|,q]=min1≤j≤|t|{M[|x|,j]};        // Traçage-Arrière
             i:=|x|; j:=q;
        (iii.b) tant que i≠0 et j≠0 faire
    si M[i,j]=M[i,j-1]+γ alors j:=j-1
    sinon
                 si M[i,j]=M[i-1,j-1]+σi,j alors
                j:=j-1; i:=i-1
        sinon i:=i-1
                fsi
        fsi
    ffaire;
    (iv) p:=j+1;
       x':=tp,q
 Fin
```

FIGURE 2: Deuxième partie « Traçage arrière » de l'algorithme recherche d'une sous-chaine approchée dans une chaine.

Vu que cet algorithme prend beaucoup de temps lors de son exécution, nous avons pensé pour faciliter cette tâche de générer une base de connaissances dans laquelle on enregistre les occurrences de chaque racine. Ainsi avant d'exécuter cet algorithme on commence par parcourir la base de connaissances, si on ne trouve pas la racine on exécute cet algorithme de correspondance des mots.

2.2 Modélisation des groupes de sens

Plusieurs types de représentations textuelles structurés ont été élaborés, à savoir les graphes de cooccurrences (Véronis, 2004) et les graphes sémantiques pour l'analyse des chemins et des liens (Mihalcea, 2004) et (Navigili et al, 2005).

Dans ce travail nous avons choisi de représenter le texte (les groupes de sens) avec des arbres binaires. Ce choix est dù aux besoins de notre approche, à la rapidité de recherche pour les arbres, la compacité de la représentation et simplicité des algorithmes de calcul.

Le mot ambigu est représenté comme racine de l'arbre binaire et les mots qui l'entourent sont représentés comme des descendants. Les niveaux des descendants dans l'arbre binaire dépendent de la position de ces descendants par rapport au mot ambigu, c'est-à-dire, en premier niveau de l'arbre on trouve les mots qui sont situés juste à droite et à gauche du mot ambigu dans le corpus. Les différents phrases contenus dans les groupes de sens ou clusters obtenus seront transformés en arbre binaire dont la structure est la suivante T = (N, E, R, RC, LC, L), ou :

- N est un ensemble de nœuds, N = $\{n_1 \ldots n_n\}$. Chaque nœud correspond à un concept dans l'arbre binaire.
- E est un ensemble d'arêtes qui représente la relation entre le nœud N_i et le nœud N_j.
- R est la racine de l'arbre qui est le mot ambigu.
- RC est l'ensemble des fils droits qui sont les mots apparaissant à droite du mot ambigu.
- LC est l'ensemble des fils gauche, qui sont les mots apparaissant à gauche du mot ambigu.
- L est une fonction qui détermine le niveau des nœuds, il correspond à leur position par rapport au mot ambigu.

Si on excepte la racine R, chaque nœud de l'arbre possède exactement un seul fils. On appelle <R, RC, LC> un arbre binaire schématisé dans la figure 3 (b) suivante.

Un arbre sémantique permet d'arranger les mots contenus dans les différents clusters de sens. Cette tâche dépend du nombre d'occurrences des mots (contenue dans le même contexte du mot ambigu), aussi de la position par rapport au mot ambigu dans son contexte. Les mots les plus proches du mot ambigu ont généralement une influence sur sa signification.

Le choix de ces facteurs a été fait à partir des travaux de Yarowsky (Yarowsky, 1993) montrant que la performance d'un système de désambiguïsation lexicale diminue lorsque la distance par rapport au mot ambigu augmente.

La création d'arbre sémantique se fait à partir de la fusion de plusieurs arbres binaires obtenus. Nous obtenons un graphe acyclique dirigé ou arbre n-aire que nous appelons arbre sémantique, ST = (N, E, R, C, L, Nb, H), où :

- C'est l'ensemble des nœuds fusionnés, C = $\{c_1, \ldots c_n\}$. Les fils gauche et droite de chaque arbre binaire seront liés à la racine de l'arbre sémantique.
- Nb est une fonction qui retourne le nombre de nœuds dans l'arbre sémantique.
- H est une fonction qui retourne la hauteur de l'arbre sémantique.

Pour chaque nœud de l'arbre sémantique, nous définissons une structure qui contient les données suivantes :

- W est un ensemble de mots qui représente les étiquettes des nœuds. Ces mots sont les mots clés qui caractérisent un sens spécifique (obtenue à partir de l'étape de création de contexte d'utilisation).
- Enfant (N) est une fonction qui renvoie le nombre de fils d'un nœud N.
- Freq (N) est une fonction qui retourne le nombre de fréquences d'un nœud N.

Nous avons utilisé comme notation l'arbre sémantique, arbre en raison de sa structure basée sur la position des mots par rapport au mot ambigu et sémantique car les nœuds sont les mots des groupes de sens.

Dans le cas où l'on trouve un nœud qui existe déjà dans l'arbre sémantique, nous devons le fusionner. Lors de l'étape de fusion des arbres, nous utilisons un algorithme de parcours en largeur pour trouver le nœud répété soit dans un niveau plus élevé, même niveau ou un niveau inférieur.

2.3 Procédure de désambiguïsation

La procédure de désambiguïsation détaillée dans cette section est basée sur 3 étapes. Nous commençons par la création de liens pondérés par des mesures de collocation entre l'arbre binaire de la phrase à désambiguïser et l'arbre sémantique, cette étape est appelée correspondance. Par la suite nous mesurons la similarité sémantique entre l'arbre de la phrase originale et l'arbre sémantique de chaque sens appelé ST_{S_k}, ou S_k correspond au $k^{ième}$ sens). Cette mesure peut proposer plus qu'un seul sens, dans ce cas, nous utilisons la procédure de vote.

2.3.1 Correspondance des arbres : graphe acyclique pondéré

Les nœuds de l'arbre correspondant à la phrase originelle (contenant le mot à désambiguïser) sont liés aux nœuds de même niveau dans l'arbre sémantique de chaque sens. Les liens sont pondérés à l'aide de trois mesures différentes de collocation (détaillées dans ce qui suit).

Cette étape est appelée correspondance des arbres, on obtient un graphe orienté pondérée avec l'une des trois mesures de collocation (détaillés dans ce qui suit) comme un poids d'une arête (noté wc_{ij}). Nous ajoutons des liens pondérés par les mesures de collocation entre les nœuds N_i de l'arbre de la phrase à désambiguïser T_{os} et les nœuds N_j de l'arbre sémantique de chaque sens.

La figure 3 montre un exemple de correspondance entre l'arbre de la phrase d'origine et l'arbre sémantique obtenue précédemment. La phrase originale contenant le mot ambigu est la suivante:

"و كيف لا يكون الأمر كذلك و العين تبصر و تشاهد مثل هذه الأعمال."

"Et comment ne pas être le cas et la perspicacité des yeux et de voir de tels actes."

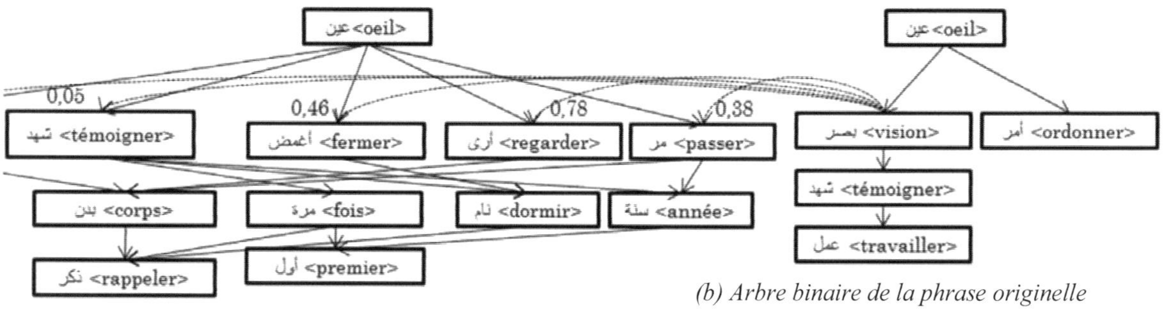

(a) Fragment de l'arbre sémantique de la première glose du mot "عين" "ayn".

(b) Arbre binaire de la phrase originelle

FIGURE 3 : Exemple de correspondance entre l'arbre binaire de la phrase originelle (b) et un fragment de l'arbre sémantique de la première glose du mot "**عين**" "ayn" (a).

Pour cette phrase, nous devons éliminer les mots vides à l'aide de la liste prédéfinie de mots vides. Les mots vides qui seront éliminés sont (و, كيف, لا, يكون, كذلك, مثل, هذه) (et, comment, pas, être, bien, comme, ça). Par la suite nous allons extraire les racines des mots contenus dans la phrase originelle, ces racines sont les nœuds de l'arbre et selon leur position par rapport au mot ambigu nous allons affilier le niveau dans l'arbre. Les liens entre les nœuds sont pondérés par w_p (= 1 / niveau des nœuds).

Par exemple le mot "أمر" "AMR" est dans la deuxième position, le nœud qui lui correspond est situé dans le deuxième niveau de l'arbre. Le poids affiliée à la liaison entre les mots "عين" "ayn" et "أمر" "amr" est 1/2 = 0,5.

Chaque nœud de l'arbre extrait de la phrase originale, est lié avec les nœuds du même niveau dans l'arbre sémantique d'un sens particulier. Les liens utilisés pour l'étape de correspondance apparaissent en bleu en pointillés. Ils sont pondérés en utilisant des mesures de collocations (définit dans ce qui suit) normalisés entre 0 et 1 et appelé wc_{ij} qui correspond aux arcs qui lient les nœuds w_i et w_j.

Par exemple, le mot "مر" "marra" occurre 7 fois dans le corpus avec le mot "بصر" "bsr", en normalisant le poids de l'information mutuelle, on obtient wc_{ij} = 0,38. Pour la correspondance entre l'arbre de la phrase originelle et l'arbre sémantique d'un sens particulier du mot ambigu, nous utilisons trois mesures de collocation cités dans ce qui suit.

2.3.1.1 Le T-test

L'un des tests les plus connues dans le domaine de recherche de collocations (Manning et al., 1999), le t-test (voir équation 1) est calculé de la façon suivante :

$$wc_{ij} = T = (\bar{x} - \mu) / (\sqrt{\frac{s^2}{N}}) \quad \text{(Equation 1)}$$

Où $\bar{x}$ (la moyenne d'échantillon) est égale à s^2 (variance d'échantillon) est égale au nombre d'occurrence des deux mots divisé par le nombre total de mots dans le corpus ; N la taille d'échantillon; L'hypothèse nulle μ est mesuré en multipliant $P(w_i)$ par $P(w_j)$, ou $P(w_i)$ = Nombre d'occurrence de w_i dans le corpus divisé par le nombre total de mots dans le corpus.

2.3.1.2 *Le Khi Carré*

Pour le calcul du khi carré χ^2, nous mesurons $C_{1,1}$ qui est le nombre de fois ou w_1 et w_2 occurrent ensemble, $C_{1,2}$ correspond au nombre d'occurrence de w_1 sans prendre en considération w_2, $C_{2,1}$ correspond au nombre d'occurrence de w_2 sans prendre en considération w_1 et enfin $C_{2,2}$ le nombre de couples dans le corpus sans considérer le couple w_1,w_2. Dans ce qui, nous allons donner l'équation 2 utilisé pour le calcul du Khi Carré en utilisant le tableau 2 par 2.

$$\chi 2 = \frac{N \times (C_{1,1} \times C_{2,2} - C_{1,2} \times C_{2,1})^2}{(C_{1,1} + C_{1,2}) \times (C_{1,1} + C_{2,1}) \times (C_{1,2} + C_{2,2}) \times (C_{2,1} + C_{2,2})} \quad \text{(Equation 2)}$$

D'après (Maning et al., 1999), le $\chi 2$ est approprié pour les probabilités larges, pour lesquelles le t test ne donne pas des résultats satisfaisantes. Pour cela le $\chi 2$ est utilisé dans la plupart des problèmes de découverte de collocation.

2.3.1.3 *Information Mutuelle*

Cette mesure détermine combien un mot peut nous indiquer un autre mot (Manning et al., 1999), Elle est définit de la manière suivante (voir équation 3).

$$IM(w_i, w_j) = \log_2 \frac{P(wi,wj)}{P(wi)\,P(wj)} \quad \text{(Equation 3)}$$

Les bi-grammes ayant un nombre de fréquence qui n'est pas important, auront un score élevé que ceux qui ont un nombre de fréquence élevé.

2.3.2 ***Mesure de similarité sémantique***

Pour la définition de la mesure de similarité, nous partons de la logique que pour mesurer la similarité entre deux phrases (la phrase à désambiguïser et le contexte d'utilisation générée pour le sens i du mot ambigu), nous devons mesurer la similarité entre les mots de chaque phrase.

D'autre part dans cette mesure, nous intégrons la position des différents mots de la phrase à désambiguïser par rapport au mot ambigu. Pour cela, nous utilisons le niveau des mots dans l'arbre sémantique, celui-ci dépond la position du terme correspondant à gauche ou à droite du mot ambigu.

La mesure de score définit dans ce qui suit (voir équation 4) nous permet de trouver l'arbre sémantique T_{st} la plus proche à l'arbre de la phrase originelle T_{os}.

$$\text{Score} = \sum_{N_i \in T_{os}} (\sum_{N_j \in ST_{S_k}} (wc_{ij} / ST_{S_k}(L(N_j)) / Nb(ST_{S_k})) / Nb(T_{OS})) \quad \text{(Equation 4)}$$

Cette mesure est la moyenne du produit de w_p et wc_{ij} entre les nœuds de T_{os} et ST_{sk}. Où $Nb(T_{OS})$ Est le nombre total de nœuds dans l'arbre T_{os} et $Nb(ST_{S_k})$ le nombre total des nœuds liés aux nœuds de l'arbre ST_{S_k}. $ST_{S_k}(L(N_j))$ Correspond au niveau des nœuds N_j contenu dans l'arbre sémantique ST_{S_k}.

2.3.3 ***Classification des mesures de collocation***

La procédure de vote est utilisée pour un ensemble d'algorithmes. Chaque algorithme va donner un sens au mot ambigu et le sens qui a la majorité des votes sera choisi comme le sens correct (Navigili, 2009). Nous distinguons la majorité de vote, la combinaison de probabilités et la combinaison basée sur le rang, ces méthodes de vote ont été différenciées en variant le poids utilisé pour le vote.

Notre contribution par rapport à ce qui est existant est que nous donnons un poids pour les mesures de collocation utilisées par la mesure de score, non pas pour les sens proposés par les différents méthodes. La procédure de vote est une nouvelle approche supervisée, l'idée est que lors de l'étude expérimentale, nous avons classé les mesures de collocation selon l'attribution du sens. Un rang sera donné pour chaque mesure permettant de les classer selon l'attribution correcte des sens. Nous distinguons trois cas.

Dans le cas où les mesures de collocations donnent des résultats différents, alors la procédure de vote sera appliquée. Outre, lorsque les trois mesures de collocation donnent le même résultat, alors le sens donné sera attribué au mot ambigu et les rangs ne seront pas modifiés.

Les mesures de collocation peuvent donner des résultats différents, dans le cas où plus d'une mesure est en accord sur l'attribution d'un sens au mot ambigu, nous devons choisir le sens ayant la majorité des votes. Les rangs des mesures qui ont votés pour le sens attribué seront incrémentés et les rangs des mesures qui n'ont pas votés pour le sens attribué seront décrémentés.

Lorsque chacune des mesures de collocation donne un sens différent. Dans ce cas, le résultat donné par la mesure ayant le rang le plus élevé (attribué lors du dernier test de classification N) sera utilisé pour attribuer le sens du mot ambigu. Dans ce qui suit, nous détaillons les résultats donnés par la méthode décrite.

3 Résultats Expérimentaux

Avant d'entamer la partie ou nous donnons les résultats de notre méthode, nous allons décrire les données testés et les ressources utilisées.

3.1 Ressources utilisés

3.1.1 Dictionnaire

Pour la désambiguïsation de la langue arabe nous avons besoin d'un dictionnaire arabe-arabe qui contient les différents sens du mot ambigu, le problème dans les dictionnaires classiques est qu'ils contiennent des sens qui ne sont plus utilisés de nos jours. Nous utilisons le dictionnaire « Alwassit » (Muṣṭafá et al., 2008) qui est très connu pour la langue arabe et contient les anciens et nouveaux sens.

La plupart des travaux de désambiguïsation lexicale de la langue arabe et les autres langues, utilisent des sens ayant une granularité grosse, cela signifie que les sens des mots ne sont pas nombreux d'une part et ne sont pas très détaillés d'autre part.

Vu le nombre important de sens donné par le dictionnaire, nous devons travailler avec les sens de granularité fine. Ce choix rend notre travail plus ardu et complexe puisqu'il augmente le nombre de sens à considérer.

3.1.2 Corpus

Le corpus utilisé dans ce travail est l'ensemble de plusieurs corpus collectés. Les textes contenus dans ces corpus sont des articles de presse, des articles, des livres, des magazines et des articles de blogs téléchargés du net qui ont été enregistrés sans restriction. Le nombre total de mots dans le corpus est 123,8554,642 mots. Ce nombre important de mots dans le corpus, nous a aidés à trouver les occurrences pour la plupart des sens des mots ambigus testés.

3.2 Données expérimentées et problèmes rencontrés

Nous avons testés 127 mots ambigus qui ont été choisis par leur sens hors contexte. Pour chacun de ces mots ambigus, nous avons évalué 60 exemples par sens et 20 exemples lors de la partie de classification des mesures de collocations. De nombreux problèmes ont été rencontrés lors du processus de désambiguïsation cité dans ce qui suit:

- Nous avons trouvé des exemples pour les tests qui peuvent être jugés comme satisfaisants pour le processus de désambiguïsation. Nous avons eu recours à quatre annotateurs qui nous ont aidés à choisir des phrases qui permettent de donner plusieurs possibilités pour le choix du sens du mot ambigu. Le taux d'accord entre les annotateurs est de 73%.

– Pour certains mots considérés, nous avons trouvé des sens qui apparaissent dans le corpus et n'existent pas dans le dictionnaire. Pour le mot "ayn" on extrait une dizaine de phrases du corpus où il signifie un nom d'une ville au Liban. Un échantillon est donné dans ce qui suit:

"تستقبلنا مدينة العين ببهاء يختلف تماما عما ألفناه في أبوظبي" → "La ville d'Ayn nous reçoit brillamment complètement différente avec ce qu'on s'est habitué à Abu-Dhabi".

– Nous avons utilisé la granularité fine des sens et certaines sens sont presque inexistantes dans les textes du corpus, pour cela le nombre d'exemples testés varie d'un sens à un autre pour un seul mot. Comme solution nous avons essayé de générer du net le maximum de phrases qui correspond au sens ayant un nombre d'occurrence faible dans notre corpus.

3.3 Résultats obtenus

Nous détaillons dans le tableau 1 suivant, les résultats obtenus par notre méthode. En divisant le nombre de mots désambiguïsés correctement par le nombre de mots testé nous mesurons la précision. En plus de ces données, nous utilisons le nombre de mots ambigus pour mesurer le rappel et la couverture. On trouve aussi le F-score qui détermine la moyenne harmonique pondérée de la précision et du rappel (Navigili, 2009). Ces taux sont détaillés pour chaque mesure de collocation ainsi que pour la procédure de vote.

wc_{ij}	Rappel	Précision	F-Score	Couverture
T	0,739	0,754	0,747	0,9798
MI	0,70382	0,7182	0,7109	0,9798
χ 2	0,7590	0,7746	0,7668	0,9798
Procédure de vote	0,8305	0,8305	0,8305	1

TABLEAU 1: Les performances de notre méthode.

On remarque que le F-score obtenu en appliquant la procédure de vote est supérieur à celui obtenu par quelconque mesure de collocations. Il n'y a pas une grande différence entre la précision et le rappel obtenu par les mesures de collocations. Ceci peut s'expliquer par le fait que la majorité des mots testés ont été désambiguïsés, ce qui est mesuré par la couverture (proche de 100%). Cependant, la meilleure mesure de collocation est le χ 2, sinon la procédure de vote augmente le F-score de 6%.

L'avantage de l'arbre sémantique peut être démontré si on mesure la performance de notre méthode en variant le nombre de nœuds utilisés lors de l'étude expérimentale (voir la figure 4 ci-dessus).

Nous trouvons que plus l'arbre sémantique est enrichi par les nœuds, plus le F-score augmente. La diminution du F-score est principalement due à l'insuffisance du nombre de nœuds, ce qui conduit à l'échec de répondre à tous les événements possibles.

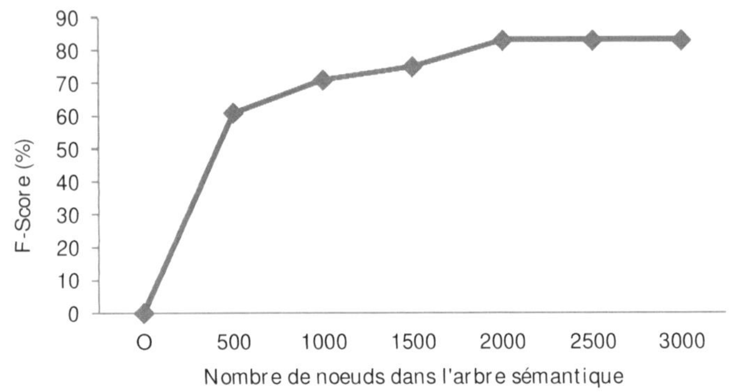

FIGURE 4. Performance de notre méthode et le nombre de nœuds correspondant dans l'arbre sémantique.

Nos résultats indiquent que pour les arbres sémantiques ayant au moins 500 nœuds, les performances de notre méthode augmente constamment. Outre, le F-score atteint le maximum et devient stable pour les tailles d'arbres sémantiques entre 2.000 et 3.000 nœuds.

Nous allons maintenant discuter les performances de notre méthode pour quelques mots ambigus. Nous mentionnons dans le tableau 2 ci-dessous, certains mots ambigus et le nombre de sens. Aussi pour le sens le plus fréquent nous détaillons le F-score obtenu et le rang des mesures de collocation obtenu après la phase de classification de la procédure de vote.

Mots	Vocalisation	Nombre de sens	F-Score	Rang T_{test}	Rang $_{MI}$	Rang $_{\chi 2}$
عين	Ain	16	0,7421	+14	+4	+12
حسب	Hsb	14	0,7532	+12	-3	+10
شعر	Chaar	8	0,8926	+14	+0	+19
فجر	Fjr	6	0,8420	+10	+18	+17
نور	nr	4	0,9605	+9	+3	+19

TABLEAU 2 : Résultats d'évaluation individuelle pour quelques mots ambigus.

D'après le tableau 2, nous pouvons noter que le plus faible F-score est obtenu par les mots ambigus ayant le plus grand nombre de sens. Dans les trois dernières colonnes du tableau 2, nous détaillons le rang des mesures de collocations pour le sens le plus fréquent. Pour les mots ambigus ayant plus de 10 sens, les rangs des mesures de collocation est inférieur à 15. En revanche, les mots ayant moins de 10 sens donnent le meilleur F-Score. Les mesures de collocations correspondantes à ces mots sont les plus classées (plus de 16).

En résumé, nos résultats indiquent que le $\chi 2$ est la mesure de collocation ayant le rang le plus élevé pour la majorité des données testées. Les mots ambigus ayant le nombre de sens le moins élevé donnent les meilleures performances. Ceci s'explique par le fait qu'elles facilitent le choix du sens correct.

La plupart des travaux qui ont été réalisés dans le domaine de désambiguïsation lexicale des autres langues, ont l'avantage d'être évalués tout au cours des conférences Senseval et SemEval. Ces travaux ont été testés en utilisant les mêmes ressources, les mêmes échantillons et la même granularité des sens. Pour les travaux de la langue arabe, les ressources et les échantillons testés sont inexistantes et non disponibles pour pouvoir comparer les travaux.

4 Conclusion

Cet article décrit une approche basée sur les arbres sémantiques pour la désambiguïsation semi-supervisée de la langue arabe. Le principal inconvénient de la langue arabe semble être le grand nombre de sens hors contexte pour les mots ambigus. L'étape de regroupement de sens était très bénéfique pour atteindre les performances obtenues par notre méthode. D'autre part, la représentation de l'arbre sémantique pour chaque sens était très pratique.

La mesure de score proposée (pour mesurer la correspondance entre l'arbre sémantique et l'arbre de la phrase originelle) utilise trois mesures de collocations qui seront classés en utilisant une procédure de vote supervisé.

Lors l'étude expérimentale nous avons testé des mots arabes ambigus choisis par leur nombre de sens hors de contexte. Les résultats montrent que notre méthode permet d'obtenir un taux de rappel et de précision élevé (83%).

Nous proposons dans les futurs travaux d'utiliser d'autres ressources utiles pour la langue arabe afin d'augmenter les performances de notre méthode.

Remerciements

Nous adressons nos plus vifs remerciements aux linguistes de notre université pour leur aide qu'ils nous ont apportés. Nous tenons aussi à exprimer notre gratitude envers les membres de notre unité de recherche LATICE pour leur soutien.

Références

AGIRRE E. AND EDMOND P. (2006). Word Sense Disambiguation: Algorithms and Applications. Springer.

AL-SHALABI R., KANAAN G., AL-SERHAN H. (2003). New approach for extracting Arabic roots. Papier présenté à ACIT, the International Arab Conference on Information Technology. Egypt, p. 42-59.

ALAJMI A., SAAD E.M., DARWISH R.R.(2012). Toward an Arabic Stop-words List Generation. International Journal of Computer Applications (0975-8887), vol.46, n°8, p. 9-13.

EL-KHAIR I. A. (2006). Effect of Stop Words Elimination for Arabic Information Retrieval: A comparative Study. International journal of Computing & Information Sciences, vol.4, n°3, p.119-133.

ELLOUMI M. (1998). Comparison of Strings Belonging to the Same Family. Information Sciences, An International Journal, Elsevier Publishing Co., Amsterdam, North-Holland (Publisher), vol. 111, n°(1-4), p. 49-63.

IDE I. AND VERONIS J. (1998). Word Sense Disambiguation : The State of the Art. Computational Linguistics, vol. 24 (1), p. 1-41.

MANNING C., SCHUTZE H. (1999). Foundations of Statistical Natural Language Processing. MIT Press, Cambridge, MA.

MERHBENE L., ZOUAGHI A. AND ZRIGUI M. (2012). Lexical Disambiguation of Arabic Language: An Experimental Study ». In proceeding of 11th Mexican International Conference on Artificial Intelligence, San Luis Potosí, SLP, México.

MUṢṬAFA M., SAYED AHMED N., DARWICH M., ABDALLAH A. (2008). Mu'jam al-Wasīṭ. Published in Bayrūt : Dār Iḥyā' al-Turāth al-'Arabī lil-Ṭibā'ah wa-al-Nashr wa-al-Tawzī'.

MIHALCEA, R., TARAU, P., AND FIGA E. (2004). Pagerank on semantic networks, with application to word sense disambiguation. In Proceedings of the 20th International Conference on Computational Linguistics (COLING, Geneva, Switzerland), p. 1126–1132.

NAVIGLI, R. (2005). Semi-automatic extension of large-scale linguistic knowledge bases. In Proceedings of the 18th Florida Artificial Intelligence Research Society Conference (FLAIRS, Clearwater Beach, FL), p.p: 548–553.

NAVIGILI R. (2009). Word Sense Disambiguation: A Survey. ACM Computing Surveys, Vol. 41, No. 2, Article 10, Publication date: February, p. 1-69.

VERONIS, J. (2004). Hyperlex: Lexical cartography for information retrieval. Comput. Speech Lang. 18, 3, p.p: 223–252.

YAROWSKY, D. (1993). ONE SENSE PER COLLOCATION. In Proceedings, ARPA Human Language Technology Workshop. Princeton, pp. 266-271.

ZOU F., WANG L., DENG X., HAN S. AND WANG L. S. (2006). Automatic Construction of Chinese Stop Word List », in proceeding of the 5th WSEAS International Conference on Applied Computer Science, Hangzhou, China, p. 1010-1015.

Mesurer la similarité structurelle entre réseaux lexicaux

Bruno Gaume[1] Emmanuel Navarro[2] Yann Desalle[3] Benoît Gaillard[1]
(1) CLLE-ERSS, CNRS, Universié de Toulouse
(2) IRIT, CNRS, Université de Toulouse
(3) ATILF, CNRS, Université de Lorraine
gaume@univ-tlse2.fr, navarro@irit.fr, yann.desalle@gmail.com, benoit.gd@gmail.com,

Résumé. Dans cet article, nous comparons la structure topologique des réseaux lexicaux avec une méthode fondée sur des marches aléatoires. Au lieu de caractériser les paires de sommets selon un critère binaire de connectivité, nous mesurons leur proximité structurelle par la probabilité relative d'atteindre un sommet depuis l'autre par une courte marche aléatoire. Parce que cette proximité rapproche les sommets d'une même zone dense en arêtes, elle permet de comparer la structure topologique des réseaux lexicaux.

Abstract. In this paper, we compare the topological structure of lexical networks with a method based on random walks. Instead of characterising pairs of vertices according only to whether they are connected or not, we measure their structural proximity by evaluating the relative probability of reaching one vertex from the other via a short random walk. This proximity between vertices is the basis on which we can compare the topological structure of lexical networks because it outlines the similar dense zones of the graphs.

Mots-clés : Réseaux lexicaux, réseaux petits mondes, comparaison de graphes, marches aléatoires.

Keywords: Lexical networks, small worlds, comparison graphs, random walks.

1 Contexte

Une ressource lexicale peut être modélisée sous la forme d'un graphe $G = (V, E)$ dans lequel un ensemble de n sommets V représente des entités lexicales (lemmes, contextes syntaxiques ...) et un ensemble de m arêtes $E \subseteq \mathbf{P}_2^V$ représente une relation lexicale entre ces entités. Un des problèmes majeurs concernant ces réseaux lexicaux porte sur leurs désaccords apparents : par exemple, si $G_1 = (V, E_1)$ et $G_2 = (V, E_2)$ sont deux graphes de synonymie standards d'une langue donnée, alors une grande proportion de paires $\{x, y\} \in \mathbf{P}_2^V$ sont liées dans G_1 ($\{x, y\} \in E_1$) mais ne le sont pas dans G_2 ($\{x, y\} \notin E_2$) ; autrement dit, x et y sont synonymes pour G_1 mais ne le sont pas pour $G2$. Un tel désaccord n'est pas compatible avec l'hypothèse d'une synonymie qui reflèterait la structure sémantique du lexique commune aux membres d'une même communauté linguistique.

Pour résoudre cette contradiction apparente, il faut regarder les réseaux lexicaux dans une perspective plus large. La figure 1 est un exemple artificiel de désaccord généralisé entre les arêtes de deux graphes malgré une similarité structurelle. Bien qu'ils n'aient aucune arête en commun ($E_1 \cap E_2 = \varnothing$), ces deux graphes se ressemblent parce que les deux zones denses dessinées par chacun des graphes contiennent les mêmes sommets : $\{1, 2, 3, 4, 11, 12, 13\}$ et $\{4, 5, 6, 7, 8, 9, 10\}$. Cette similarité structurelle est observable en considérant chacun des graphes comme un tout, et non en les comparant arête par arête. Les zones denses de cet exemple artificiel (fig. 1) sont caractéristiques des *graphes de terrain* [1] qui, pour la plupart, sont des réseaux petits mondes hiérarchiques (RPMH) partageant les mêmes propriétés (Newman, 2003; Gaume *et al.*, 2010; Steyvers & Tenenbaum, 2005). Ils présentent une **faible densité en arêtes** (peu d'arêtes par rapport au nombre maximal d'arêtes potentielles), des **chemins courts** (le nombre moyen d'arêtes L sur les plus courts chemins entre deux sommets est faible), un fort **taux d'agrégation** C (des sous-graphes localement denses en arêtes, ou agrégats, peuvent être identifiés alors que le graphe est globalement peu dense en arêtes (Watts & Strogatz, 1998)), et la distribution des degrés d'incidence de leurs sommets approche une **loi de puissance** (Albert & Barabasi, 2002). Nous montrons dans la section 2 que les réseaux lexicaux étudiés dans cet article possèdent les caractéristiques des RPMH. Ainsi, comme le suggère la figure 1, un désaccord apparent entre les réseaux lexicaux n'implique pas nécessairement une incompatibilité structurelle des données modélisées.

Dans cet article, nous étudions les réseaux lexicaux avec une méthode fondée sur des marches aléatoires. Au lieu de caractériser les paires de sommets selon leur seule connectivité binaire (existence ou absence d'une arête entre les som-

1. Les graphes de terrain sont des graphes qui modélisent les données réelles récoltées sur le terrain, par exemple en sociologie, linguistique ou biologie. Ils s'opposent en cela aux graphes artificiels (déterministes ou aléatoires).

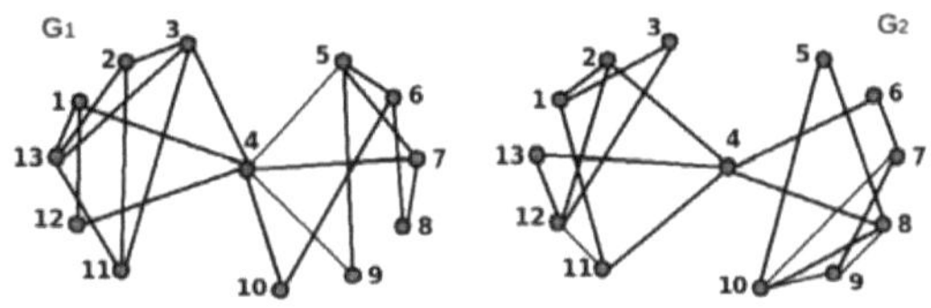

FIGURE 1 – Contradiction entre la variaribilité locale et la similarité globale.

mets), nous mesurons leur proximité structurelle par la probabilité relative d'atteindre un sommet depuis l'autre par une courte marche aléatoire [2]. Parce que cette proximité rapproche les sommets d'une même zone dense en arêtes, elle permet de mesurer la qualité de la divergence de surface entre deux réseaux lexicaux. Notons que ce travail vient à la suite de (Gaillard *et al.*, 2011; Navarro *et al.*, 2012) et de (Navarro, 2013, chap. 3).

Nous montrons dans la section 2 les limites des approches arête-par-arête pour l'analyse et la comparaison des réseaux lexicaux selon lesquelles les réseaux de synonymie d'une même langue seraient significativement différents. Dans la section 3, nous présentons une méthode de comparaison structurelle de graphes basée sur la *confluence*, mesure de proximité entre sommets qui repose sur les marches aléatoires et permet d'analyser structurellement les réseaux lexicaux. En section 4, nous appliquons cette méthode de comparaison de graphes à des ressources construites par des lexicographes et par les foules (crowdsourcing), ressources dont les méthodes d'élaboration diffèrent mais qui tentent de décrire la même relation lexicale : la synonymie. Nous concluons en section 5.

2 Compararer $\mathbf{G_1 = (V, E_1)}$ et $\mathbf{G_2 = (V, E_2)}$ en comparant les ensembles $\mathbf{E_1}$ et $\mathbf{E_2}$ comme des «sacs de liens» sans structures

Nous illustrons notre propos dans cette section sur la comparaison de deux ressources lexicales, toutes deux construites par des lexicographes approximativement à la même époque pour représenter la même relation de synonymie :

- **Rob** $= (\mathbf{V_{Rob}}, \mathbf{E_{Rob}})$: Le dictionnaire Le Robert (Robert & Rey, 1985) a été informatisé au cours d'un parteneriat IBM / ATILF [3]. Cette ressource électronique liste les synonymes des différentes acceptions des vocables du français. Les sommets du graphe lexical *Rob* qui a été construit à partir de cette ressource sont les vocables (les vocables homonymes ne sont pas distingués et sont représentés par un même sommet). La paire $\{x, y\}$ appartient à E_{Rob} si et seulement si une des acceptions de x a été considérée comme synonyme d'une des acceptions de y par l'équipe lexicographique du Robert. Par exemple, le verbe *causer* est à la fois synonyme de *parler* et de *engendrer*.
- **Lar** $= (\mathbf{V_{Lar}}, \mathbf{E_{Lar}})$: Le graphe lexical *Lar* a été construit à partir du dictionnaire Larousse (Guilbert *et al.*, 1971 1978) de la même manière que le graphe *Rob*.

Les caractéristiques (que nous appelons « pédigrés ») des graphes *Rob* et *Lar* sont fournis dans le tableau 1. Ces mesures sont en accord avec la plupart des études sur les réseaux lexicaux (Motter *et al.*, 2002; de Jesus Holanda *et al.*, 2004; Gaume, 2004) qui montrent que les réseaux lexicaux comme la majorité des réseaux de terrains sont des RPMH typiques.

TABLE 1 – Pédigrés des graphes lexicaux *Lar* et *Rob* : n et m sont les nombres de sommets et d'arêtes, $\langle k \rangle$ est la moyenne des degrés d'incidence des sommets, C est le coefficience d'agrégation du graphe, L_{lcc} est la moyenne des plus courts chemins entre tous les nœuds de la plus grande partie connexe (sous-graphe dans lequel il existe au moins un chemin entre deux noeuds quelconques de ce sous-graphe), r^2 est le coefficient de corrélation entre la distribution des degrés d'incidence et la loi de puissance la plus fortement corrélée à cette distribution, λ est la puissance de cette loi.

Réseaux Lexicaux	n	m	$\langle$k$\rangle$	C	L_{lcc}	λ (r^2)
Lar	22066	73091	6,62	0,19	6,36	-2,43 (0,90)
Rob	38147	99998	5,24	0,12	6,37	-2,43 (0,94)

2. Notons que cette méthode de mesure de proximité entre sommets dans un graphe peut-être utilisée avantageusement pour la modélisation des graphes de terrain (Gaume *et al.*, 2010), sur des tâches de substitution lexicale ou de résolution de métaphore (Desalle *et al.*, 2014b, 2009; Desalle, 2012), pour l'enrichissement de ressources lexicales (Sajous *et al.*, 2011), la navigation dans les réseaux de terrain (Gaume, 2008), la recherche d'informations (Navarro *et al.*, 2011) ou encore pour la détection de pathologies (Desalle *et al.*, 2014a).

3. `http://www.atilf.fr`

2.1 Distance d'édition

Soit deux graphes $G_1 = (V_1, E_1)$ et $G_2 = (V_2, E_2)$, nous mesurons la similarité des couvertures lexicales de G_1 et G_2 par l'indice de *Jaccard* : $J(G_1, G_2) = \frac{|V_1 \cap V_2|}{|V_1 \cup V_2|}$. Nous avons alors $J(Rob, Lar) = 0,49$. Ces deux graphes ont donc une couverture lexicale commune suffisament large pour que la comparaison entre les jugements de synonymie qu'ils modélisent soit réalisée sur cette couverture lexicale commune : $V_1 \cap V_2$.

Pour mesurer l'accord entre les arêtes de G_1 et de G_2, nous commençons donc par réduire les deux graphes à leurs sommets communs : $G'_1 = \big(V' = (V_1 \cap V_2), E'_1 = E_1 \cap (V' \times V')\big)$ et $G'_2 = \big(V' = (V_1 \cap V_2), E'_2 = E_2 \cap (V' \times V')\big)$. Pour chaque paire de sommets $\{a,b\} \in (V' \times V')$, quatre configurations sont possibles :
- $\{a,b\} \in E'_1 \bigcap E'_2$: accord sur la paire $\{a,b\}$, a et b sont synonymes dans G'_1 et dans G'_2 ;
- $\{a,b\} \in \overline{E'_1} \bigcap \overline{E'_2}$: accord sur la paire $\{a,b\}$, a et b ne sont synonymes ni dans G'_1 ni dans G'_2 ;
- $\{a,b\} \in E'_1 \bigcap \overline{E'_2}$: désaccord sur la paire $\{a,b\}$, a et b sont synonymes dans G'_1 mais pas dans G'_2 ;
- $\{a,b\} \in \overline{E'_1} \bigcap E'_2$: désaccord sur la paire $\{a,b\}$, a et b sont synonymes dans G'_2 mais pas dans G'_1 ;

Une longue tradition dans la recherche sur la comparaison de graphes consiste à déterminer si deux graphes sont isomorphes. Deux graphes $G_1 = (V_1, E_1)$ et $G_2 = (V_2, E_2)$ sont isomorphes s'il existe une fonction bijective $f : V_1 \mapsto V_2$ telle que, pour toute paire de sommets $\{u,v\} \in \mathbf{P}_2^V$, $\{u,v\} \in E_1 \Leftrightarrow \{f(u), f(v)\} \in E_2$. La comparaison entre graphes consiste alors à rechercher de tels isomorphismes. Dans les graphes étudiés dans cet article, les nœuds sont étiquetés et ne peuvent correspondre que s'ils ont les mêmes étiquettes : la seule bijection possible est donc la fonction identité. Ainsi, pour savoir si deux graphes étiquetés $G_1 = (V, E_1)$ et $G_2 = (V, E_2)$ sont isomorphes, il suffit de vérifier que $E_1 = E_2$.

Une telle similarité est très basique : si aucune arête ne diffère alors les deux graphes sont similaires, sinon ils sont différents (ils ne sont pas isomorphes). Afin d'assouplir cette approche de l'isomorphisme pour fournir une mesure quantitative continue de la différence entre deux graphes, plusieurs alternatives ont été proposées (pour une revue de ces méthodes, voir par exemple (Gao *et al.*, 2010)). Ces méthodes s'inspirent de la distance d'édition entre deux chaînes de caractères (Levenshtein, 1966). La distance d'édition entre entre deux graphes $G_1 = (V_1, E_1)$ et $G_2 = (V_2, E_2)$ est définie par la série d'opérations la plus économique pour transformer G_1 en un isomorphisme de G_2. Habituellement, l'ensemble des opérations possibles ne contient que l'insertion, la suppression et la substitution de sommets et d'arêtes. Cet ensemble peut éventuellement être étendu selon les données que les graphes modélisent. Par exemple, dans le cas d'une segmentation d'image, (Ambauen *et al.*, 2003) introduisent les opérations de cission et de fusion de noeuds.

Dans le cadre de cet article, puisque après la réduction des deux graphes à leurs sommets communs, nous aurons $V_1 = V_2 = V$, les seules opérations possibles vont être la suppression et l'insertion d'arêtes. Si le coût d'édition d'une arête est 1, alors la distance d'édition entre G_1 et G_2 est :

$$ED = |E_1 \cap \overline{E_2}| + |E_2 \cap \overline{E_1}| \quad (1)$$

Remarquons que $ED \in [0, |E_1| + |E_2|]$. Cette mesure de dissimilarité ne prend pas en compte le nombre d'arêtes de G_1 et de G_2. Editer dix arêtes pour rendre deux graphes de quinze arêtes isomorphes n'est pas la même chose qu'éditer dix arêtes pour rendre deux graphes de quinze mille arêtes isomorphes. Cette distance d'édition doit donc être normalisée :

$$GED(G_1, G_2) = \frac{|E_1 \cap \overline{E_2}| + |E_2 \cap \overline{E_1}|}{|E_1| + |E_2|} \quad (2)$$

Maintenant, $GED(G_1, G_2) \in [0, 1]$. Appliquée à Lar'/Rob', $GED(Lar', Rob') = 0,47$. Ce résultat montre que Lar' et Rob' sont dissemblables : les dictionnaires Larousse et Le Robert n'ont qu'un faible accord sur les paires de lexèmes qu'ils jugent synonymes. Ceci peut s'expliquer par le fait que la projection de la notion graduelle de quasi-synonymie sur des jugements binaires de synonymie offre une large place à l'interprétation, même si les juges sont des lexicographes experts comme pour les dictionnaires Larousse et Robert. En fait, on observe souvent un faible accord entre des ressources qui décrivent la même réalité linguistique mais qui sont construites indépendamment, même lorsqu'elles reposent sur des jugements humains qui suivent un même protocole (Murray & Green, 2004).

3 Compararer $\mathbf{G_1 = (V, E_1)}$ et $\mathbf{G_2 = (V, E_2)}$ en comparant la structure engendrée par $\mathbf{E_1}$ sur V à la structure engendrée par $\mathbf{E_2}$ sur V

GED est une mesure quantitative de surface qui analyse les graphes comme des «sacs de liens» sans structure. En comparant les graphes arête par arête, elle ne tient pas compte de la structure globale profonde des graphes bien que celle-ci soit très spécifique puisqu'il s'agit de RPMH. La présence ou l'absence d'une arête entre deux sommets est un jugement de synonymie qui peut être confirmé ou infirmé par la structure topologique du graphe autour de ces sommets. Dans cette section, nous décrivons une mesure quantitative de la similarité structurelle entre graphes. Cette mesure est basée sur les marches aléatoires, ce qui nous permet d'enrichir l'information sur les paires de sommets par une mesure de proximité structurelle entre sommets : *la confluence*.

3.1 Confluence

Soit $G = (V,E)$ un graphe réflexif[4] et non dirigé, définissons $d_G(u) = |\{v \in V / \{u,v\} \in E\}|$ le degré d'incidence d'un sommet u dans le graphe G et imaginons un marcheur se déplaçant sur le graphe G : au temps $t \in \mathbb{N}$, le marcheur est sur un sommet $u \in V$; au temps $t+1$, le marcheur peut atteindre n'importe quel voisin de u avec un probabilité uniforme.

Ce processus est une simple marche aléatoire (Bollobas, 2002; Kinouchi *et al.*, 2002; Baronchelli *et al.*, 2013). Il peut être défini par une chaîne de Markov sur V à l'aide d'une matrice de transition $[G]$:

$$[G] = (g_{u,v})_{u,v \in V} \text{ avec } g_{u,v} = \begin{cases} \dfrac{1}{d_G(u)} \text{ si } \{u,v\} \in E, \\ 0 \text{ sinon.} \end{cases}$$

Puisque G est réflexif, chaque sommet a au moins un voisin (lui-même) ; G est donc bien définie. De plus, par construction, $[G]$ est une matrice stochastique : $\forall u \in V, \sum_{v \in V} g_{u,v} = 1$. La probabilité $P^t_G(u \rightsquigarrow v)$ qu'un marcheur démarrant sur le sommet u atteigne le sommet v après t pas est :

$$P^t_G(u \rightsquigarrow v) = ([G]^t)_{u,v} \tag{3}$$

On peut alors prouver (Gaume, 2004) à l'aide du théorème de Perron-Frobenius (Stewart, 1994) que si G est connexe, réflexif et non-dirigé, alors $\forall\ u,v \in V$:

$$\lim_{t \to \infty} P^t_G(u \rightsquigarrow v) = \lim_{t \to \infty} ([G]^t)_{u,v} = \frac{d_G(v)}{\sum_{x \in V} d_G(x)} = \pi_G(v) \tag{4}$$

Cela signifie que quand t tend vers l'infini, la probabilité d'être sur un sommet v au temps t ne dépend pas du sommet de départ mais seulement du degré d'incidence de v. Nous noterons cette limite $\pi_G(v)$ dans la suite.

Par contre, la dynamique de convergence vers cette limite (équation (4)) dépend fortement du sommet de départ. En effet, la trajectoire du marcheur est totalement régie par la topologie du graphe autour de ce sommet de départ : après t pas, tout sommet v situé à une distance de t arêtes (ou moins) peut être atteint. La probablité de cet événement dépend du nombre de chemins entre u et v et de la structure du graphe autour des sommets intermédiaires le long de ces chemins. Plus il y a de chemins courts entre les sommets u et v, plus la probibilité d'atteindre v à partir de u est grande. Par exemple, si l'on prend $G_1 = Rob$ et $G_2 = Lar$ et que l'on choisit les trois sommets $u =$ *éplucher*, $r =$ *dépecer* et $s =$ *sonner* tels que :

- u et r sont jugés synonymes dans *Rob* : $\{u,r\} \in E_1$;
- u et r ne sont pas jugés synonymes dans *Lar* : $\{u,r\} \notin E_2$;
- r et s ont le même nombre de synonymes dans G_1 : $d_{G_1}(r) = d_{G_1}(s) = d_1$;
- r et s ont le même nombre de synonymes dans G_2 : $d_{G_2}(r) = d_{G_2}(s) = d_2$.

Alors, d'après l'équation (4), les deux séries $(P^t_{G_1}(u \rightsquigarrow r))_{1 \le t}$ et $(P^t_{G_1}(u \rightsquigarrow s))_{1 \le t}$ convergent vers la même limite : $\pi_{G_1}(r) = \pi_{G_1}(s) = \frac{d_1}{\sum_{x \in V_1} d_{G_1}(x)}$ tout comme les deux séries $(P^t_{G_2}(u \rightsquigarrow r))_{1 \le t}$ et $(P^t_{G_2}(u \rightsquigarrow s))_{1 \le t}$: $\pi_{G_2}(r) = \pi_{G_2}(s) = \frac{d_2}{\sum_{x \in V_2} d_{G_2}(x)}$. Cependant, les deux séries ne convergent pas selon la même dynamique. Au début de la marche, avec t petit, on peut s'attendre à ce que $P^t_{G_1}(u \rightsquigarrow r) > P^t_{G_1}(u \rightsquigarrow s)$ et $P^t_{G_2}(u \rightsquigarrow r) > P^t_{G_2}(u \rightsquigarrow s)$ puisque *éplucher* est sémantiquement plus proche de *dépecer* que de *sonner*. En effet, le nombre de chemins courts entre *éplucher* et *dépecer* est plus grand qu'entre *éplucher* et *sonner*.

La figure 2(a) présente les valeurs de $P^t_{Rob}(u \rightsquigarrow r)$ et de $P^t_{Rob}(u \rightsquigarrow s)$ en fonction de t et les compare à leur limite commune. La figure 2(b) présente ces mêmes valeurs calculées sur *Lar*. Ces figures confirment notre hypothèse : puisque *éplucher* et *dépecer* sont sémantiquement proches, $P^t_{Rob}(u \rightsquigarrow r)$ et $P^t_{Lar}(u \rightsquigarrow r)$ décroissent vers leurs limites même si r et s ne sont pas synonymes (comme c'est le cas dans *Lar*).

En fait, la limite $\pi_G(v)$ ne fournit pas d'information sur la proximité entre u et v dans le graphe ; au contraire, elle la masque par la seule prise en compte de v dans son calcul. Nous définissons donc la t-confluence $CONF^t_G(u,v)$ entre deux sommets u et v sur un graphe G comme suit :

$$CONF^t_G(u,v) = \frac{P^t_G(u \rightsquigarrow v)}{P^t_G(u \rightsquigarrow v) + \pi_G(v)} \tag{5}$$

4. C'est-à-dire que chaque sommet est connecté à lui-même. Si de telles boucles n'existent pas dans les données, elles peuvent généralement être ajoutées sans perte d'information.

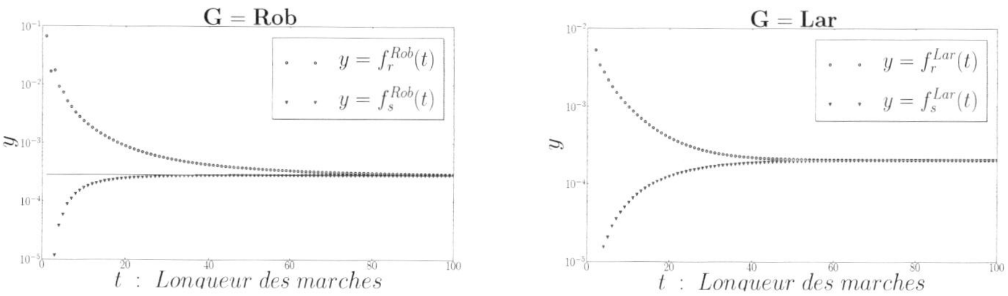

(a) $u =$ **éplucher**, $r =$ *dépecer*, $s =$ *sonner*, $f_r^{Rob}(t) = P^t_{Rob}(u \rightsquigarrow r)$, $f_s^{Rob}(t) = P^t_{Rob}(u \rightsquigarrow s)$

(b) $u =$ **éplucher**, $r =$ *dépecer*, $s =$ *sonner*, $f_r^{Lar}(t) = P^t_{Lar}(u \rightsquigarrow r)$, $f_s^{Lar}(t) = P^t_{Lar}(u \rightsquigarrow s)$

FIGURE 2 – Les différentes dynamiques de convergence de la série $(P^t_G(u \rightsquigarrow v))_{1<t}$ vers sa limite pour trois types de relations entre u et v : **(1)** $\mathbf{f_r^{Rob}(t)}$: u et v sont synonymes comme *éplucher* et *dépecer* dans *Rob* ; **(2)** $\mathbf{f_s^{Rob}(t)}$ et $\mathbf{f_s^{Lar}(t)}$: u et v ne sont pas synonymes et sont sémantiquement éloignés comme *éplucher* et *sonner* dans *Rob* et dans *Lar* ; (3) $\mathbf{f_r^{Lar}(t)}$: u et v ne sont pas synonymes mais sont sémantiquement proches comme *dépecer* et *éplucher* dans *Lar*.

$CONF^t_G$ définit une famille de mesures symétriques de proximité entre sommets, une mesure pour chaque longueur de marche t. Par souci de clarté, nous choisissons un t unique pour la suite de l'article. Ce choix est fait en considérant que :

- **Si t est trop grand :** $\forall u_1, v_1, u_2, v_2 \in V$, $CONF^t_G(u_1,v_1) \approx CONF^t_G(u_2,v_2) \approx 0,5$. La mesure $CONF^t_G(u,v)$ n'indique donc pas si les sommets u et v appartiennent ou non à une même zone dense en arêtes de G ;
- **Si t est trop petit :** pour toute paire $\{u,v\}$ telle que la longueur du chemin le plus court entre u et v dans G est plus grande que t, $P^t_G(u \rightsquigarrow v) = 0$ donc $CONF^t_G(u,v) = 0$. Cette mesure n'indique donc pas non plus si les sommets u et v appartiennent ou non à une même zone dense en arêtes G.

C'est pourquoi, dans la suite de cet article, t est fixé[5] à $t = 5$ et $CONF_G = CONF^5_G$.

$CONF_G$ est une mesure de proximité normalisée basée sur les marches aléatoires dans G :

- S'il existe, entre u et v, beaucoup plus de chemins courts qu'entre un sommet quelconque et v (u et v appartiennent à une même zone sur-dense en arêtes) : $P^5_G(u \rightsquigarrow v) > \pi_G(v)$ et donc $CONF_G(u,v) > 0,5$;
- S'il existe, entre u et v, autant de chemins courts qu'entre un sommet quelconque et v : $P^5_G(u \rightsquigarrow v) \approx \pi_G(v)$ et donc $CONF_G(u,v) \approx 0,5$;
- Si il existe, entre u et v, beaucoup moins de chemins courts qu'entre un sommet quelconque et v : $P^5_G(\rightsquigarrow v) < \pi_G(v)$ et donc $CONF_G(u,v) < 0,5$.

Nous considérons donc comme « proche » toute paire de sommets $\{u,v\}$ telle que la confluence $CONF_G(u,v)$ est plus grande que $0,5$. En d'autres termes, u et v sont proches si la probabilité d'atteindre v à partir de u après une marche aléatoire de cinq pas est plus grande que la probabilité d'être sur v après une marche infinie.

3.2 Une expérimentation contrôlée à l'aide de graphes artificiels

Nous avons construit artificiellement deux types de paire de graphes à comparer :

- **Deux graphes avec 5 zones denses :** nous avons d'abord construit un graphe $G_a = (V, E_a)$ tel que V est l'union de $k = 5$ ensembles $\Delta_1, \ldots \Delta_5$ de $n = 50$ sommets chacun[6] ; les arêtes de E_a ont été placées aléatoirement entre deux sommets u et v à partir de deux probabilités différentes : une probabilité $p_1 = 0,5$ entre deux sommets d'un même ensemble $(u, v \in \Delta_i)$, et $p_2 = 0,01$ entre deux sommets appartenant à deux ensembles distincts $(u \in \Delta_i,\ v \in \Delta_j,\ i \neq j)$. Nous avons ensuite construit un second graphe $G_b = (V, E_b)$ en choisissant aléatoirement la moitié des arêtes de G_a, et un troisième graphe $G_c = (V, E_c)$ tel que $E_c = E_a \setminus E_b$. Ces trois graphes sont représentés dans la figure 3. Bien que G_b et G_c n'aient aucune arêtes en commun, $(E_b \cap E_c = \varnothing)$, G_b et G_c présentent tous deux cinq zones locales denses identiques : $\Delta_1, \ldots \Delta_5$.
- **Deux graphes aléatoires :** nous avons d'abord construit un graphe aléatoire $G^R_a = (V, E^R_a)$ tel que $|E^R_a| = |E_a|$. Nous avons ensuite construit un deuxième graphe $G^R_b = (V, E^R_b)$ en choisissant aléatoirement la moitié des arêtes de G^R_a, et un troisième graphe $G^R_c = (V, E^R_c)$ tel que $E^R_c = E^R_a \setminus E^R_b$. Ni G^R_b ni G^R_c n'ont de zones denses.
- Puisque $E_b \cap E_c = \varnothing$, $E_b \cap \overline{E_c} = E_b$ et $E_c \cap \overline{E_b} = E_c$, donc $GED(G_b, G_c) = \frac{|E_b \cap \overline{E_c}| + |E_c \cap \overline{E_b}|}{|E_b| + |E_c|} = \frac{|E_b| + |E_c|}{|E_b| + |E_c|} = 1$. Ce résultat

5. Avec $t = 5$ nous restons en général proche de la longueur moyenne des plus courts chemins dans les réseaux lexicaux (Motter *et al.*, 2002; Gaume, 2004; de Jesus Holanda *et al.*, 2004). Notons aussi qu'un t petit est favorable à complexité des algorithmes : avec $t = 5$, tous les calculs de confluence (calculs exactes en Python avec un processeur i7) nécessaires pour chacune des paires de graphes analysées dans ce papier ne nécessitent que quelques secondes. Cette approche peut être appliquée à de très grands graphes. Quand les graphes deviennent trop grands, on peut utiliser les méthodes de Monte Carlo qui sont efficaces sur les RPMH pourvu que le degré maximal des sommets soit borné.

6. Si $i \neq j$ alors $\Delta_i \cap \Delta_j = \varnothing$.

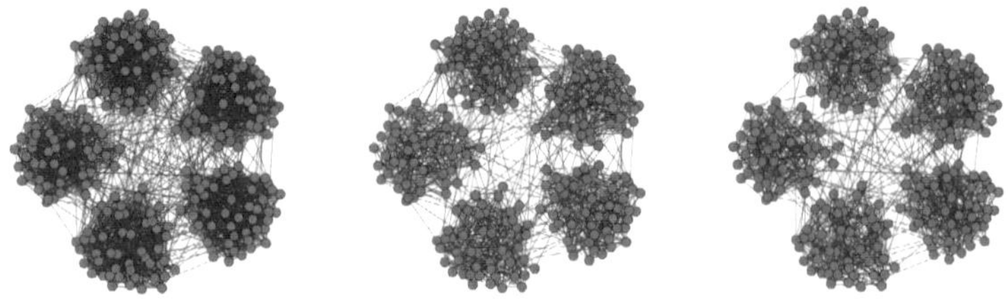

(a) $G_a = (V, E_a)$ (b) $G_b = (V, E_b)$ (c) $G_c = (V, E_c)$

FIGURE 3 – Graphe artificiel avec 5 zones locales denses identiques.

signifierait que ces graphes seraient complètement dissemblables, ce qui est vrai dans le sens où ils n'ont aucune arête en commun mais clairement faux du point de vue de l'« organisation » topologique qu'ils partagent. En effet si deux sommets appartiennent à la même zone relativement dense dans le premier graphe, ils appartiennent également à la même zone relativement dense dans le second.

– Puisque $E_b^R \cap E_c^R = \varnothing$, $E_b^R \cap \overline{E_c^R} = E_b^R$ et $E_c^R \cap \overline{E_b^R} = E_c^R$. Donc, $GED(G_b^R, G_c^R) = \frac{|E_b^R \cap \overline{E_c^R}| + |E_c^R \cap \overline{E_b^R}|}{|E_b^R| + |E_c^R|} = \frac{|E_b^R| + |E_c^R|}{|E_b^R| + |E_c^R|} = 1$.

Toutes les mesures quantitatives de surface comme GED, qui ne reposent que sur le décompte du nombre de désaccords, ont le désavantage de ne comparer les graphes que comme des « sacs de liens », étant ainsi insensibles aux contextes topologiques. Mais si nous comparons les distributions de la confluence des arêtes en désaccord dans G_b vs G_c d'un côté (fig. 4(a)), et dans G_b^R vs G_c^R de l'autre côté (fig. 4(b)), la différence est frappante.

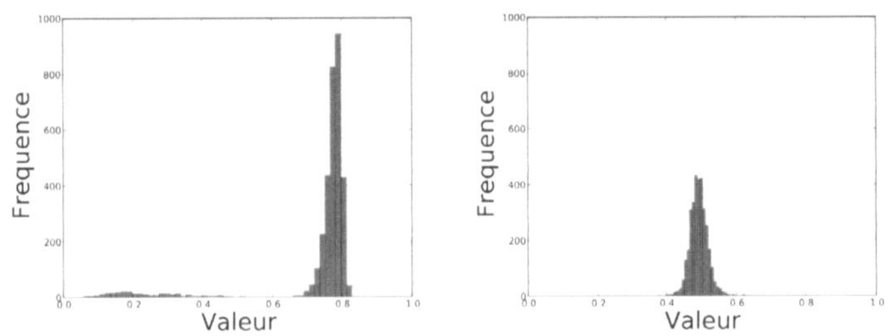

(a) G_b/G_c (b) G_b^R/G_c^R

FIGURE 4 – Histogramme de l'ensemble $\{CONF_{G_c}(\{u,v\})$ tel que $\{u,v\} \in (E_b \cap \overline{E_c})\} \bigcup \{CONF_{G_b}(\{u,v\})$ tel que $\{u,v\} \in (E_c \cap \overline{E_b})\}$, en parallèle à l'histogramme de l'ensemble $\{CONF_{G_c^R}(\{u,v\})$ tel que $\{u,v\} \in (E_b^R \cap \overline{E_c^R})\} \bigcup \{CONF_{G_b^R}(\{u,v\})$ tel que $\{u,v\} \in (E_c^R \cap \overline{E_b^R})\}$.

Nous définissons donc $\mu(G_1, G_2)$, une mesure de la similarité structurelle entre les arêtes de G_1 et de G_2 :

$$\mu(G_1, G_2) = \frac{1}{|E_1 \cap \overline{E_2}| + |E_2 \cap \overline{E_1}|} \Big(\sum_{\{u,v\} \in (E_2 \cap \overline{E_1})} CONF_{G_1}(\{u,v\}) + \sum_{\{u,v\} \in (E_1 \cap \overline{E_2})} CONF_{G_2}(\{u,v\}) \Big) \quad (6)$$

Grâce à la confluence, μ mesure le niveau de proximité structurelle dans G_1 entre les sommets des arêtes directement présentes dans G_2 et absentes de G_1, et le niveau de proximité structurelle dans G_2 entre les sommets des arêtes directement présentes dans G_1 et absentes de G_2.

Bien que $GED(G_b, G_c) = GED(G_b^R, G_c^R) = 1$, avec μ, nous pouvons maintenant voir la différence : sur cinquante réalisations $\mu(G_b, G_c) = 0,74$ (avec un écart type $std < 0,005$) alors que $\mu(G_b^R, G_c^R) = 0,49$ ($std < 0,005$). La différence entre G_b/G_c et G_b^R/G_c^R est identique quantitativement mais différente structurellement.

4 Applications sur les Réseaux lexicaux

Nous commençons par examiner la distribution de la confluence des arêtes contradictoires entre $Lar' = (V', E_{Lar'})$ vs $Rob' = (V', E_{Rob'})$. Nous la comparons à la distribution de la confluence des arêtes contradictoires entre les paires de *graphes aléatoires équivalents* $Lar'^R = (V', E_{Lar'}^R)$ et $Rob'^R = (V', E_{Rob'}^R)$ construits tels que :

$$|E_{Lar'}^R \cap E_{Rob'}^R| = |E_{Lar'} \cap E_{Rob'}|, \quad |E_{Lar'}^R \cap \overline{E_{Rob'}^R}| = |E_{Lar'} \cap \overline{E_{Rob'}}|, \quad |\overline{E_{Lar'}^R} \cap E_{Rob'}^R| = |\overline{E_{Lar'}} \cap E_{Rob'}|$$

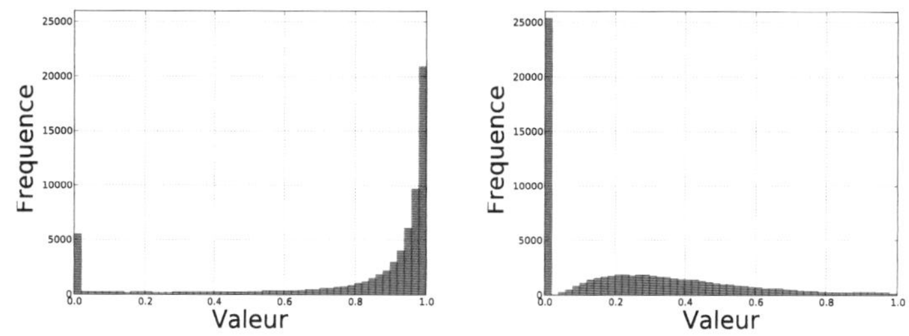

(a) Lar'/Rob' (b) Lar'^R/Rob'^R

FIGURE 5 – Histogramme de l'ensemble $\{CONF_{Rob'}(\{u,v\})$ tel que $\{u,v\} \in (E_{Lar'} \cap \overline{E_{Rob'}})\} \bigcup \{CONF_{Lar'}(\{u,v\})$ tel que $\{u,v\} \in (E_{Rob'} \cap \overline{E_{Lar'}})\}$, en parallèle à l'histrogramme de l'ensemble $\{CONF_{Rob'^R}(\{u,v\})$ tel que $\{u,v\} \in (E_{Lar'^R} \cap \overline{E_{Rob'^R}})\} \bigcup \{CONF_{Lar'^R}(\{u,v\})$ tel que $\{u,v\} \in (E_{Rob'^R} \cap \overline{E_{Lar'^R}})\}$

Par construction nous avons $GED(Lar',Rob') = GED(Lar'^R,Rob'^R)$ par contre la différence est clairement visible en comparant la distribution des valeurs de confluence des arêtes contradictoires dans Lar' vs Rob' d'une part (fig. 5(a)) et dans Lar'^R vs Rob'^R de l'autre (fig. 5(b). Quantitativement, la différence entre Lar'/Rob' et Lar'^R/Rob'^R est identique : $GED(Lar',Rob') = GED(Lar'^R,Rob'^R) = 0,47$, mais elle diffère structurellement, $\mu(Lar',Rob') = 0,80$ alors que $\mu(Lar'^R,Rob'^R) = 0,24$ (sur 50 réalisations : $std < 0,005$). Il y'a le même nombre de désaccords, mais ces désaccords sont structurellement faibles entre Lar' et Rob', alors qu'ils sont structurellement forts entre Lar'^R et Rob'^R. C'est ce que nous permet de voir la figure 5 et c'est ce que mesure μ.

Nous comparons maintenant un ensemble de réseaux lexicaux d'origines diverses, ressources construites par des lexicographes et par les foules (crowdsourcing) :

- **Rob** $= (\mathbf{V_{Rob}}, \mathbf{E_{Rob}})$ et **Lar** $= (\mathbf{V_{Lar}}, \mathbf{E_{Lar}})$: voir section 2 ;
- **Wik** $= (\mathbf{V_{Wik}}, \mathbf{E_{Wik}})$: Le wiktionnaire français est construit par les foules sur la base du volontariat. Wiktionary [7] est le compagnon lexical de Wikipedia. Ce dictionnaire multilingue inclus des gloses, des exemples, des relations sémantiques et des liens de traduction que n'importe qui peut modifier. Des instructions sont données aux contributeurs sous la forme de recommandations, mais aucune définition de la relation de synonymie n'est fournie. La construction des graphes de synonymie à partir des « dumps » de Wiktionnary [8] est précisément documentée dans (Sajous *et al.*, 2011). Le graphe $Wik = (V_{Wik}, E_{Wik})$ extrait du wiktionnaire français en janvier 2014 est construit de la même façon que le graph *Rob* ;
- **Jdm** $= (\mathbf{V_{Jdm}}, \mathbf{E_{Jdm}})$: La ressource *Jeux De Mots* [9] est construite selon une autre forme de crowdsourcing, à partir d'un jeu décrit dans (Lafourcade, 2007). Les joueurs doivent trouver autant de mots que possible qu'ils associent à un terme présenté à l'écran, selon une règle fournie par le jeu. Le but est de trouver le maximum d'associations sémantiques parmi celles que les autres joueurs ont trouvées mais que le joueur concurrent n'a pas trouvées. Plusieurs règles peuvent être proposées, dont la demande d'une liste maximale de synonymes ou quasi-synonymes. A partir des résultats collectés jusqu'en janvier 2014, un graphe de mots liés par des relations sémantiques typées (en fonction des règles) a été construit. Nous travaillons ici sur le sous-graphe des relations de synonymie.

Chacune de ces ressources est découpée en parties du discours (Noms, Verbes, Adjectifs), donnant ainsi trois graphes (ex : $Rob \Rightarrow Rob_N, Rob_V, Rob_A$). Le tableau 2 fournit les pédigrés de ces graphes et montre qu'ils sont tous des RPMH typiques. Dans le tableau 3 nous comparons six paires de graphes par partie du discours.

Entre les graphes *Lar*, *Rob*, et *Jdm* la mesure quantitative de surface *GED* est toujours comprise entre 0,45 et 0,51, ce qui indique un accord faible au niveau des liens locaux comparés indépendamment de leurs contextes structurels. Cependant la mesure structurelle μ est toujours supérieure ou égale à 0,70 ce qui veut dire que malgré la proportion importante de désaccords locaux, ces trois graphes ont une structure globale semblable.

La mesure μ entre *wik* et les autres graphes est toujours inférieure à 0,50 ce qui veut dire que *wik* diffère au niveau de ses zones denses par rapport à chacun des trois graphes *Lar*, *Rob*, et *Jdm*. Par exemple, la figure 6 montre les sous-graphes sur les voisins de *causer* extraits de Lar_V, Rob_V, Jdm_V et wik_V. On peut y voir un accord entre les trois graphes Lar_V, Rob_V, et Jdm_V au niveau de la *bisémie* du verbe *causer* (PARLER/PROVOQUER) ; le graphe *wik*, quant à lui ne distingue qu'un seul sens : PROVOQUER.

7. http://www.wiktionary.org/
8. Les dumps parsés sont disponibles au format XML à http://redac.univ-tlse2.fr/index_en.html
9. http://www.lirmm.fr/jeuxdemots/jdm-accueil.php

TABLE 2 – Pédigrés des graphes lexicaux (nous renvoyons à la légende de la figure 1 pour la description des colonnes).

Graphes lexicaux		**n**	**m**	$\langle \mathbf{k} \rangle$	**C**	$\mathbf{L_{lcc}}$	λ ($\mathbf{r^2}$)
	Adjectifs	5510	21147	7,68	0,21	4,92	-2,06 (0,88)
Lar	**Noms**	12159	31601	5,20	0,20	6,10	-2,39 (0,88)
	Verbes	5377	22042	8,20	0,17	4,61	-1,94 (0,88)
	Adjectifs	7693	20011	5,20	0,14	5,26	-2,05 (0,94)
Rob	**Noms**	24570	55418	4,51	0,11	6,08	-2,34 (0,94)
	Verbes	7357	26567	7,22	0,12	4,59	-2,01 (0,93)
	Adjectifs	9859	30087	6,10	0,16	5,44	-2,24 (0,90)
Jdm	**Noms**	29213	56381	3,86	0,14	6,48	-2,66 (0,93)
	Verbes	7658	22260	5,81	0,14	5,06	-2,08 (0,89)
	Adjectifs	6960	6594	1,89	0,15	8,48	-2,46 (0,95)
Wik	**Noms**	43206	37661	1,74	0,13	10,56	-2,51 (0,89)
	Verbes	7203	7497	2,08	0,25	9,22	-2,28 (0,92)

TABLE 3 – Pour comparer deux graphes lexicaux G_1/G_2, on réduit d'abord les deux graphes à leurs sommets communs : $G_1' = \left(V' = (V_1 \cap V_2), E_1' = E_1 \cap (V' \times V')\right)$ et $G_2' = \left(V' = (V_1 \cap V_2), E_2' = E_2 \cap (V' \times V')\right)$. Ensuite, nous construisons les graphes aléatoires équivalents $G_1'^R$ et $G_2'^R$ et calculons : $GED = GED(G_1', G'2)$, $(\mu) = \mu(G_1', G'2)$ et $(\mu^R) = \mu(G_1'^R, G_2'^R)$. Chaque valeur (μ^R) sur chacun des graphes aléatoires équivalents, est la moyenne sur 30 réalisations de $\mu(G_1'^R, G_2'^R)$ (tous les écarts type $std < 0,005$).

GED (μ) (μ^R) **sur les paires de graphes**			
G_1/G_2	Rob_A	Jdm_A	Wik_A
Lar_A	$\mathbf{0,45}$ $(\mathbf{0,76})$ $(0,34)$	$\mathbf{0,47}$ $(\mathbf{0,71})$ $(0,38)$	$\mathbf{0,75}$ $(\mathbf{0,41})$ $(0,06)$
Rob_A		$\mathbf{0,51}$ $(\mathbf{0,70})$ $(0,29)$	$\mathbf{0,71}$ $(\mathbf{0,42})$ $(0,05)$
Jdm_A			$\mathbf{0,54}$ $(\mathbf{0,43})$ $(0,03)$
G_1/G_2	Rob_N	Jdm_N	Wik_N
Lar_N	$\mathbf{0,48}$ $(\mathbf{0,70})$ $(0,20)$	$\mathbf{0,48}$ $(\mathbf{0,70})$ $(0,19)$	$\mathbf{0,72}$ $(\mathbf{0,31})$ $(0,03)$
Rob_N		$\mathbf{0,47}$ $(\mathbf{0,70})$ $(0,13)$	$\mathbf{0,71}$ $(\mathbf{0,29})$ $(0,02)$
Jdm_N			$\mathbf{0,46}$ $(\mathbf{0,32})$ $(0,01)$
G_1/G_2	Rob_V	Jdm_V	Wik_V
Lar_V	$\mathbf{0,48}$ $(\mathbf{0,73})$ $(0,40)$	$\mathbf{0,46}$ $(\mathbf{0,70})$ $(0,39)$	$\mathbf{0,78}$ $(\mathbf{0,25})$ $(0,05)$
Rob_V		$\mathbf{0,47}$ $(\mathbf{0,70})$ $(0,37)$	$\mathbf{0,78}$ $(\mathbf{0,25})$ $(0,06)$
Jdm_V			$\mathbf{0,55}$ $(\mathbf{0,31})$ $(0,04)$

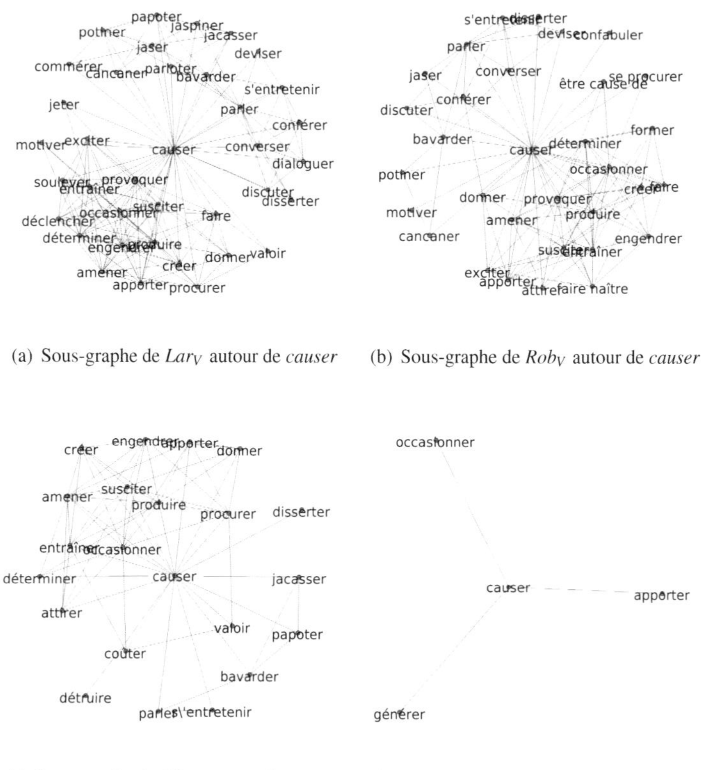

(a) Sous-graphe de Lar_V autour de *causer* (b) Sous-graphe de Rob_V autour de *causer*

(c) Sous-graphe de Jdm_V autour de *causer* (d) Sous-graphe de Wik_V autour de *causer*

FIGURE 6 – Accord entre Lar_V, rob_V et Jdm_V sur la polysémie de *causer* (PARLER/PROVOQUER) mais désaccord avec Wik_V (PROVOQUER)

5 Conclusion

« Dans un état de langue tout repose sur des rapports » disait Saussure (1972). Cependant, se limiter à l'analyse de ces rapports au seul niveau local, indépendament de leurs contextes, n'est pas suffisant. En effet, nous avons montré que si $G_1 = (V, E_1)$ et $G_2 = (V, E_2)$ sont deux graphes standards de synonymie d'une même langue, une grande proportion de paires $\{x, y\} \in \mathbf{P}_2^V$ sont synonymes dans G_1 mais pas dans G_2. Une telle quantité de désaccords n'est pas compatible avec l'hypothèse selon laquelle la synonymie reflèterait une structure sémantique du lexique commune aux membres d'une même communauté linguistique. L'analyse d'une relation lexicale doit être faite au niveau de la structure globale dessinée par la relation. C'est ce que la mesure μ peut faire : avec un niveau de représentation adéquat, elle réconcilie les jugements portés par deux juges différents sur une même relation lexicale.

Ce n'est pas la somme du sens de ses arêtes qui donne le sens d'une relation lexicale, mais le sens de la relation lexicale dans la globalité de sa structure qui donne du sens à ses arêtes : *dans un état de langue tout repose sur la structure des rapports.*

6 Remerciements

Nous remercions les organisateurs de RLTLN2014 pour avoir proposé et organisé ce workshop et les relecteurs qui, par leurs questions et leurs conseils toujours pertinents, nous ont permis d'améliorer cet article. Nous remercions aussi Franck Sajous, Yannick Chudy et Pierre Magistry pour les nombreuses discussions toujours enrichissantes que nous avons eues ensemble.

Références

ALBERT R. & BARABASI A.-L. (2002). Statistical Mechanics of Complex Networks. *Reviews of Modern Physics*, **74**, 74–47.

AMBAUEN R., FISCHER S. & BUNKE H. (2003). Graph edit distance with node splitting and merging, and its application to diatom idenfication. In *Graph Based Representations in Pattern Recognition, 4th IAPR International Workshop*, p. 95–106, York, UK.

BARONCHELLI A., I CANCHO R. F., PASTOR-SATORRAS R., CHATER N. & CHRISTIANSEN M. H. (2013). Networks in cognitive science. *CoRR*, **abs/1304.6736**.

BOLLOBAS B. (2002). *Modern Graph Theory*. Springer-Verlag New York Inc.

DE JESUS HOLANDA A., PISA I. T., KINOUCHI O., MARTINEZ A. S. & RUIZ E. E. S. (2004). Thesaurus as a complex network. *Physica A : Statistical Mechanics and its Applications*, **344**(3-4), 530–536.

DESALLE Y. (2012). *Réseaux lexicaux, métaphore, acquisition : une approche interdisciplinaire et inter-linguistique du lexique verbal.* PhD thesis, Université de Toulouse.

DESALLE Y., GAUME B. & DUVIGNAU K. (2009). SLAM : Solutions lexicales automatique pour métaphores. *Traitement Automatique des Langues*, **50**(1), 145–175.

DESALLE Y., GAUME B., DUVIGNAU K., CHEUNG H., HSIEH S.-K., MAGISTRY P. & NESPOULOUS J.-L. (2014a). Skillex, an action labelling efficiency score : the case for french and mandarin. In *Proc. of Cogsci'14, The 36th Annual meeting of the COGnitive SCIence society*, Quebec, Canada. À paraître.

DESALLE Y., NAVARRO E., CHUDY Y., MAGISTRY P. & GAUME B. (2014b). Bacanal : Balades aléatoires courtes pour analyses lexicales, application à la substitution lexicale. In *TALN'14, actes de l'atelier SemDis*, Marseille, France. À paraître.

GAILLARD B., GAUME B. & NAVARRO E. (2011). Invariant and variability of synonymy networks : Self mediated agreement by confluence. In *Proceedings of the The 49th Annual Meeting of the Association for Computational Linguistics : Human Language Technologies, 6th TextGraphs workshop : Graph-based Methods for Natural Language Processing*, Portland, Oregon.

GAO X., XIAO B., TAO D. & LI X. (2010). A survey of graph edit distance. *Pattern Anal. Appl.*, **13**(1), 113–129.

GAUME B. (2004). Balades Aléatoires dans les Petits Mondes Lexicaux. *I3 : Information Interaction Intelligence*, **4**(2).

GAUME B. (2008). Maping the form of meaning in small worlds. *Journal of Intelligent Systems*, **23**(7), 848–862.

GAUME B., MATHIEU F. & NAVARRO E. (2010). Building Real-World Complex Networks by Wandering on Random Graphs. *I3 : Information Interaction Intelligence*, **10**(1).

L. GUILBERT, R. LAGANE & G. NIOBEY, Eds. (1971-1978). *Le Grand Larousse de la langue française (7 vol.) 1971-1978*. Larousse.

KINOUCHI O., MARTINEZ A. S., LIMA G. F., LOURENÇO G. M. & RISAU-GUSMAN S. (2002). Deterministic walks in random networks : An application to thesaurus graphs. *Physica A*, **315**, 665–676. cond-mat/0110217.

LAFOURCADE M. (2007). Making People Play for Lexical Acquisition with the JeuxDeMots prototype. In *SNLP'07 : 7th Int. Symposium on NLP*, Pattaya, Thailand.

LEVENSHTEIN V. (1966). Binary codes capable of correcting deletions, insertions and reversals. *Soviet Physics Doklady*, **10**(8), 707–710.

MOTTER A. E., MOURA A. P. S., LAI Y. C. & DASGUPTA P. (2002). Topology of the conceptual network of language. *Physical Review E*, **65**, 065102.

MURRAY G. C. & GREEN R. (2004). Lexical Knowledge and Human Disagreement on a WSD Task. *Computer Speech & Language*, **18**(3), 209–222.

NAVARRO E. (2013). *Métrologie des graphes de terrain, application à la construction de ressources lexicales et à la recherche d'information.* PhD thesis, Université de Toulouse.

NAVARRO E., CHUDY Y., GAUME B., CABANAC G. & PINEL-SAUVAGNAT K. (2011). Kodex ou comment organiser les résultats d'une recherche d'information par détection de communautés sur un graphe biparti ? In *Proceedings of the Coria 2011 : Conférence en Recherche d'Information et Applications.*

NAVARRO E., GAUME B. & PRADE H. (2012). Comparing and fusing terrain network information. In E. HÜLLERMEIER, S. LINK, T. FOBER & B. SEEGER, Eds., *Scalable Uncertainty Management - 6th International Conference, SUM 2012, Marburg, Germany*, volume 7520 of *LNCS*, p. 459–472 : Springer.

NEWMAN M. E. J. (2003). The Structure and Function of Complex Networks. *SIAM Review*, **45**, 167–256.

P. ROBERT & A. REY, Eds. (1985). *Dictionnaire alphabétique et analogique de la langue française 2e éd. (9vol.).* Le Robert.

SAJOUS F., NAVARRO E., GAUME B., PRÉVOT L. & CHUDY Y. (2011). Wisigoth semi-automatic enrichment of crowdsourced synonymy networks : an application to wiktionary. *LRE Language Resources and Evaluation : Special Issue on Collaboratively Constructed Language Resources.*

SAUSSURE (1972). *Cours de linguistique générale, édition critique préparée par Tullio De Mauro.*

STEWART G. W. (1994). *Perron-Frobenius theory : a new proof of the basics.* Rapport interne, College Park, MD, USA.

STEYVERS M. & TENENBAUM J. B. (2005). The large-scale structure of semantic networks : Statistical analyses and a model of semantic growth. *Cognitive Science*, **29**(1), 41–78.

WATTS D. J. & STROGATZ S. H. (1998). Collective Dynamics of Small-World Networks. *Nature*, **393**, 440–442.

WordNet en XML-HTML

Guy Lapalme
RALI-DIRO, Université de Montréal
C.P. 6128, Succ. Centre-Ville,
Montréal, Québec, Canada H3C 3J7
lapalme@iro.umontreal.ca

Résumé. Nous présentons une version XML des informations du WordNet de Princeton qui conserve toute l'information originale, mais l'organise dans un format plus pratique pour la consultation et l'accès par programme. Ces fichiers XML ont permis de générer un ensemble de fichiers HTML permettant d'explorer les synsets avec un simple navigateur internet. Une application de démonstration Java illustre la facilité d'accès à l'information en XML pour d'autres applications de TAL.

Abstract. This paper describes an XML version of the original Princeton WordNet which keeps all of the original information but in a more effective format for browsing and program access. These XML files were used to generate a set of HTML files to enable a easy and fast browsing of the synsets. A Java application was developed as a demonstration of the access to the XML format from other NLP applications.

Mots-clés : WordNet, XML, Feuilles de transformation XSLT, synset.

Keywords: WordNet, XML, XSLT, StyleSheet Transformation, synset.

1 Se balader dans WordNet

WordNet was designed for use under program control.
George Miller (Miller, 1995, p. 39)

WordNet [1] est le réseau lexical le plus connu pour l'anglais et il sert de modèle de référence pour pratiquement toutes les autres langues. La version 3 de la base de données regroupe 155 287 entrées (c.-à-d. mots ou expressions en anglais) dans 117 659 ensembles de synonymes (appelés *synsets*) eux-mêmes reliés par des relations sémantiques telles la synonymie, l'antonymie, l'hyponymie, l'implication et quelques autres. Cette organisation est inspirée d'une certaine perception de l'organisation des mots dans le cerveau où les mots sont liés entre eux. Il est donc possible de passer d'un concept à un autre à l'aide d'associations d'idées matérialisées par les relations sémantiques indiquées entre les groupes de mots synonymes.

En plus de la grande couverture et de la qualité linguistique des informations qu'on retrouve WordNet, une des raisons de sa popularité est le fait que les auteurs ont décidé dès le départ de rendre leurs données librement disponibles à la communauté dans un format machine bien organisé. En plus des données, les concepteurs de WordNet fournissent plusieurs programmes (pour les plateformes Unix/Linux et Windows) pour fouiller dans la structure interne qui est de niveau relativement bas avec un codage assez particulier. Le fait que ces programmes étaient écrits dans un dialecte de C relativement portable a facilité la création d'interfaces de programmation (API) dans plusieurs langages de programmation [2]. On peut accéder à WordNet sur le web ou avec des applications spécialisées. Le contenu de WordNet a également été transformé vers d'autres formalismes comme Prolog [3], RDF [4] ou OWL [5]. Il y a également une version *Linked Data* [6].

1. http://wordnet.princeton.edu
2. http://wordnet.princeton.edu/wordnet/related-projects/
3. http://wordnet.princeton.edu/wordnet/man/prologdb.5WN.html
4. http://semanticweb.cs.vu.nl/lod/wn30/
5. http://www.w3.org/TR/wordnet-rdf/
6. http://datahub.io/dataset/w3c-wordnet

Même si le format interne *orienté bytes* est pratique pour les machines, il est malaisé pour un humain de s'y retrouver. En fait, ces fichiers sont produits par programme à partir de *fichiers de lexicographes* dont le format est également assez cryptique.

1.1 Version XML

Comme XML est maintenant un format de données bien répandu, nous avons pensé qu'il serait intéressant de produire des versions XML de la base de données WordNet avec des schémas pour les valider. Un avantage important de XML est le fait que les données peuvent se décrire elles-mêmes si des noms d'étiquettes appropriés sont choisis. Ceci permet à un humain de s'y retrouver plus facilement que la liste de caractères ou codes hexadécimaux utilisés dans la distribution de WordNet. Comme pratiquement tous les langages de programmation disposent d'analyseurs efficaces de XML, nous pensons que ce format sera également plus pratique pour les machines que les formats originaux.

C'est pourquoi nous avons développé une feuille de transformation XSLT pour transformer les fichiers `data` et `code` du répertoire `dict` de la distribution de WordNet en un ensemble de fichiers XML équivalents et validés avec un Schema XML. La transformation conserve en XML toute l'information des fichiers originaux de WordNet.

Dans la version originale de WordNet, chaque synset possède un numéro d'identification (un nombre hexadécimal correspondant au nombre d'octets depuis le début du fichier) qui est utilisé pour accéder efficacement à chaque synset. Dans la version XML, ce nombre est conservé, mais il est précédé par une lettre indiquant la partie du discours afin de créer un identificateur unique de type `xsd:ID` pour les synsets. Les applications peuvent ensuite utiliser ces identificateurs pour accéder directement aux synsets. Ce choix arbitraire, comme le serait tout identificateur de ce type, permet une correspondance facile avec les synsets dans les fichiers originaux ; un choix analogue est fait dans d'autres versions XML de WordNet (certaines sont présentées en section 3) qui gardent aussi des références à ces identificateurs dans leur noms de synset.

Chaque ligne d'un fichier `data` correspond à un élément XML définissant un synset. Il y a quatre fichiers fichiers XML `data.{adj,adv,noun,verb}.xml` correspondant à chaque fichier original `data.{adj,adv,noun,verb}` du répertoire `dict`. Ces quatre fichiers sont ensuite *inclus* dans un fichier maître pour former un seul fichier XML pour des traitements par programme ou avec une autre feuille de style. Le fichier maître est également validable avec un schéma XML.

Chaque synset est représenté par un élément XML avec le contenu suivant, décrit formellement avec un schéma XML :
- deux attributs : `id`, un identificateur unique basé sur le numéro original du synset, et `type` qui indique la partie du discours (nom, verbe, adjectif ou adverbe) ;
- des éléments enfants : `word` indique les mots en anglais des membres du synset ; `pointer` fait des références à d'autres synsets, son contenu indique le type de référence tel que *hyperonyme*, *hyponyme*, *semblable à*, ... ; `frame` écrit des contextes d'utilisation ; `def` donne des définitions ; `example` donne des exemples de mots du synset.

La partie gauche de la figure 1 présente ces éléments sous forme d'une page HTML : les éléments `word` sont en gras suivis de leur type ; suivent dans le tableau, le `type` et le champ `def` ; les liens *sortant* du synset sont regroupés par type. Le bas de la figure donne la forme XML qui est en correspondance directe avec les données originales. La version HTML indique plutôt les mots qui forment le synset plutôt que leur identificateur. Les liens entrant dans ce synset sont également indiqués de la même manière, ils sont calculés par la feuille de style qui produit ces pages web, car cette information n'apparaît pas dans les données initiales.

Afin de faciliter l'accès au synset à partir de mots anglais, la distribution de WordNet fournit aussi des fichiers index (un par partie du discours) donnant la liste des synsets où apparaissent un mot ou une expression en anglais. La feuille de style produit également les index XML correspondants également validés avec un schéma XML. Un traitement semblable a été appliqué pour les listes d'exceptions.

1.1.1 Naviguer dans les synsets

À partir du format XML décrit dans la section précédente, une autre feuille de style XSLT a été écrite pour générer plus de 117 000 fichiers HTML (un par synset, un exemple est donné dans la partie gauche de la figure 1). En suivant les liens entrant et sortant des synsets avec un simple fureteur internet, on peut explorer rapidement et facilement les autres synsets. Le texte affiché pour chaque lien donne la liste des mots du synset cible et une infobulle donne sa définition. Ce mode d'exploration est beaucoup plus pratique que le simple numéro de synset normalement disponible. Le réseau compte plus de 377 000 liens entre les synsets. Au bas de chaque page HTML, il est possible de consulter la version XML du synset en cliquant sur la dernière ligne.

La feuille de style produit également une page d'accueil [7] permettant de trouver l'ensemble des mots débutant par une lettre ainsi qu'un champ de texte qui permet d'accéder directement à une entrée spécifique. Aucun traitement morphologique n'est effectué (voir toutefois la section 1.1.2), mais le système offre des suggestions dynamiques en fonction du début du mot déjà tapé. Tous ces mécanismes de recherche sont effectués en Javascript dans le navigateur internet, sans aucun traitement particulier du côté du serveur.

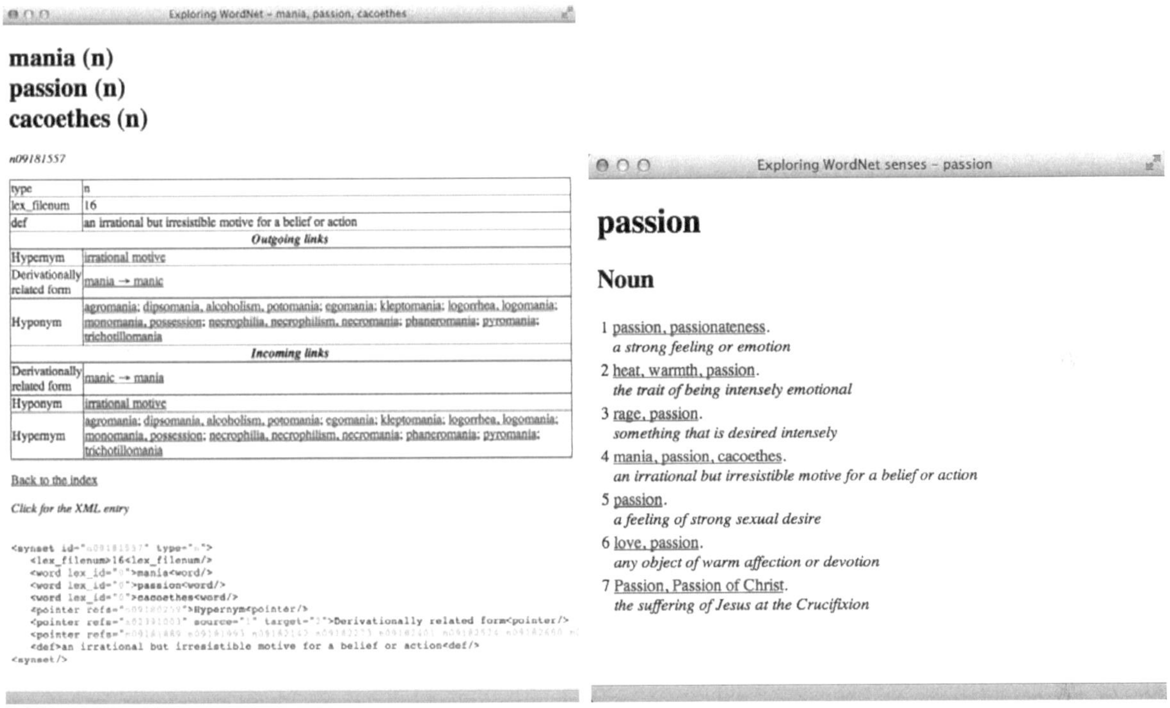

FIGURE 1 – À gauche : affichage du synset 091917557 correspondant aux noms : `mania`, `passion`, `cacoethes`. À droite : Affichage des sens associés au mot `passion`, c.-à-d. les synsets dans lesquels `passion` apparaît.

1.1.2 Naviguer dans les sens d'un mot

Il est également possible de trouver tous les sens d'un mot de WordNet à partir d'un mot ou d'une expression [8], comme le permet un formulaire sur le site de WordNet. La partie droite de la figure 1 montre une sortie de ce type de recherche pour le mot `passion`. L'analyse de la morphologie est effectuée sur les mots de la requête avec une version Javascript du programme Morphy [9] du site de WordNet.

1.2 Programmation avec les fichiers XML

Afin de démontrer la possibilité d'utilisation par programme de ces fichiers XML, nous avons développé `Jwn`, une version Java du programme `wn` [10] très souvent utilisé pour accéder aux données originales de WordNet. La grande majorité des options de `wn` ont été implantées en utilisant la même syntaxe d'appel de ligne de commande, si ce n'est qu'aucun traitement morphologique n'est appliqué sur la chaîne d'entrée. Ce programme doit plutôt être considéré comme un exemple d'utilisation que comme un outil de production.

7. `http://rali.iro.umontreal.ca/WordNet-XML/HTML/start.html`
8. `http://rali.iro.umontreal.ca/WordNet-XML/HTML/start-senses.html`
9. `http://wordnetcode.princeton.edu/tools/morphy.tgz`
10. `http://wordnet.princeton.edu/man/wn.1WN.html`

2 Accès aux fichiers

On peut récupérer l'ensemble de ces fichiers (librement sans contrainte, dans le sens exprimé par le synset a01064167) sur le site Web du RALI à

`http://rali.iro.umontreal.ca/rali/?q=en/wordnet-browsing#data`

3 Travaux connexes

XML a déjà été utilisé pour l'organisation de plusieurs dérivés de WordNet pour d'autres langues que l'anglais. Notamment pour l'allemand, GermaNet (Henrich & Hinrichs, 2010) [11] a été balisé à l'aide du standard Lexical Markup Framework qui est un formalisme XML très complet pour les dictionnaires. Bond et Foster (Bond & Foster, 2013) présentent le *Open Multilingual WordNet* (Bond, 2014) une base de données qui réunit avec une licence libre des versions de WordNet dans 22 langues différentes ainsi qu'un module d'interrogation. Les données sont reliées aux synsets originaux. Le format d'échange est celui de lignes dans lesquelles les informations sont séparées par des tabulations. Il est également possible d'obtenir une version RDF-XML ou LMF-XML pour chaque langue, y compris l'anglais. Ce dernier fichier de près de 100 Meg combine toute l'information du WordNet de Princeton, mais s'éloigne de la structure originale des informations. Notre but était de produire une version XML relativement légère, mais qui colle le plus possible à la version originale, en grande partie parce que cet exercice nous a servi à mieux appréhender WordNet.

En français, Benoît Sagot a développé Wolf (WordNet Libre du Français) (Sagot & Fišer, 2008) dont le but était d'associer des mots français aux synsets de l'anglais à l'aide d'une intégration automatique de plusieurs sources d'informations lexicales dans laquelle on retrouve parfois des combinaisons de sens assez surprenantes. Jusqu'à tout récemment, Wolf était présenté dans un format *à la* XML malheureusement *mal formé* au sens XML du terme et sans validation. La dernière version (Sagot, 2014) est grandement améliorée et validée avec une DTD ce qui en facilite l'analyse par programme, mais plus de la moitié des synsets n'ont pas d'équivalent français. Le lien entre les mots des synsets anglais et français est fait par des identificateurs de synsets du WordNet original. Une version XML du WordNet original est d'autant plus intéressante, car elle permet de combiner les informations des deux sources avec un même formalisme.

4 Conclusion

Nous avons décrit une version XML du WordNet original et son utilisation pour créer un réseau de pages HTML permettant une exploration rapide de WordNet avec un navigateur sans nécessiter d'application spécifique. Il est également possible d'utiliser le fichier XML pour l'intégrer à des applications de TAL.

Références

BOND F. (2014). Open Multilingual Wordnet Documentation. http ://compling.hss.ntu.edu.sg/omw/doc.html.

BOND F. & FOSTER R. (2013). Linking and Extending an Open Multilingual Wordnet. In *51st Annual Meeting of the Association for Computational Linguistics : ACL-2013*, p. 1353–1362, Sofia, Bulgaria.

HENRICH V. & HINRICHS E. (2010). Standardizing wordnets in the iso standard lmf : Wordnet-lmf for germanet. In *Proceedings of the 23rd International Conference on Computational Linguistics (COLING 2010)*, p. 456–464, Beijing.

MILLER G. A. (1995). WordNet : A lexical database for english. *Communications of the ACM*, **38**(11), 39–41.

SAGOT B. (2014). Les lexiques morphologiques et syntaxiques alexina et le wordnet libre du français. In N. GALA & M. ZOCK, Eds., *Construction de ressources lexicales pour le traitement automatique des langues*, p. 217–254. John Benjamins Publishing Company.

SAGOT B. & FIŠER D. (2008). Construction d'un wordnet libre du français à partir de ressources multilingues. In *TALN 2008*, Avignon.

11. `http://www.sfs.uni-tuebingen.de/lsd/index.shtml`

Linguistic Convergence in Societies with Asymmetrically Distributed Reputation

Gemma Bel-Enguix
LIF, Aix-Marseille University
163 avenue de Luminy, 13288 Marseille
gemma.belenguix@gmail.com

Abstract. Following the line of research introduced by (Baronchelli *et al.*, 2006) and developed by (Brigatti, 2008), this paper explores the impact of reputation in the process on linguistic convergence. To do that, we consider societies with two groups of asymmetrically distributed reputation, and simulate processes of language change under several configurations of the society and values of reputation.

1 Introduction

To fully understand the dynamics of language change and evolution simple computational models are needed. These models can help to simulate processes that cannot be completely explained only by using learning parameters in each generation of speakers. The mechanisms underlying language change act not only across generations, but in the every day utterances, and, because of this, language change is very fast. Furthermore, it is also remarkable that speakers are not usually aware of most of the changes in their grammar and phonological systems.

The emergence of cognitive capacities that allow human beings to talk, as well as syntax and semantics, have been approached by several models that explain the arising of compositionality and the building of a common linguistic knowledge in a society (Smith *et al.*, 2003).

Language change and interaction, as well as approaches to language convergence and splitting, can take advantage of these simple models launched to account for language evolution and emergence.

Among the proposals that have been introduced, one of the simplest experiments to understand language convergence is the one by Baronchelli 2006. Baronchelli's model is based in a variant of the naming game (Steels, 1997) strengthening the feature of simplicity. In Baronchellis model, a number of agents have to agree in naming an object with no pre-established protocol. Two chief features of the model are that : a) the agents have nothing in the beginning, and b) they delete every word they have stored for an object when they agree with another individual. Mathematical and physical results obtained by this model show how there is strong correlation between the parameters of the simulation (Baronchelli *et al.*, 2006).

After Baronchelli's work, Brigatti introduced the concept of reputation in the process of linguistic convergence, pointing out the possibility of analyzing the influence of such parameter in language evolution. This is where the present paper is placed. The main goal of this work is to pay some attention to the impact that different distributions of reputation in a society can have to the final result of the process of linguistic convergence.

The method that has been used in the paper relates to complex adaptive systems (Holand, 2006) and complex network theory (Strogatz, 2001). After defining some agents, they have to interact until they are able to create a society with a linguistic code. Social networks (Wellman & Berkowitz, 1988) and social impact theory (Nettle, 1998) can help to understand the dynamics of these societies, and their input and output configuration. In other words, we claim that language and linguistic interaction can change the configuration of the society and, to demonstrate that, we suggest the use of computational simulations and the mathematical support that complex network theory provides.

To develop the topic, in Section 2 we introduce Baronchelli's model with the parameter of reputation, slightly different from the one offered by Brigatti. In Section 3, we study the main results of the model, offering a discussion in Section 4.

2 Convergence Model with Reputation

Brigatti introduces the concept of reputation in the simple Baronchelli's scheme. The idea is very interesting because it highlights the relevance of social position in language change. In (Brigatti, 2008) the main results of the model are explained. One of the suggestions of this author is the study of the impact of reputation in a society with individuals gathered in two groups of different status.

This paper deals with the process of linguistic convergence in societies with two different social groups, named H (High reputation) and L (Low reputation), each one with a given reputation (R_H and R_L). The difference of reputation between H and L ($R_H - R_L$) is denoted by δ. Following Brigatti's assumption, communication between two agents Speaker (S) and Hearer (E) is allowed even if they have two different values of Reputation (R). If the communication is successful - if S and H share the word they exchange - the parameter of reputation does not play any role, but if communication fails because a word W sent by S in not known by E, then reputation becomes a key parameter in the development of the linguistic evolution of the society.

Establishing a rough parallelism between populations of agents and societies, we can say that we want to test the behaviour of societies with two clearly different social groups, one of them (H) being more powerful (in a degree δ) than the other (L). In such society everybody is allowed to communicate with everybody if they share the same linguistic items, but individuals of L are not able to extend their words to individuals in H, or, in other words, people from H do not learn any word from L. Our hypothesis is that, in such societies, linguistic confluence is always reached, but the time and memory needed by the process varies depending on both the size of complementary groups H/L and δ.

When the evolution starts, every agent has an empty store and not predefined protocols are established. The algorithm for communication is based in the one in (Brigatti, 2008) but it includes some modifications. It is the following :

- Speaker (S) and Hearer (E) are randomly selected.
- If H has words stored, it selects one. If not, it invents one.
- The speaker transmits the selected word to the hearer, characterized by the reputation R_E
- If the hearer's inventory contains such a word, the communication is a success. The two agents update their inventories so as to keep only the word involved in the interaction. The speaker's reputation increases by one.
- Otherwise, if $R_S > R_E$, the hearer adds the new word to its inventory and the speaker does nothing. The speaker's reputation decreases by one.
- If hearer's inventory does not contain such a word and $R_S < R_E$, the communication is a failure. The speaker's reputation decreases by one.

In this model, success is not quantified, since this measure is not relevant for the study we are carrying out here.

The main aspects that will be investigated in this paper, are the following :

1. The influence of δ in the convergence process.
2. The influence of the distribution of H and L in the convergence process.
3. The evolution of R during the computation.

To do that, we study by means of computational simulations, the following general parameters :

- t_{conv}, the total time the system takes to reach convergence
- W_{max}, the maximum number of words the system reaches at time t_{max}
- W_{dif}, the maximum number of different words
- t_{max}, the time where the system gets W_{max}
- Variation of R_H and R_L

3 Results

The results analyzed here are obtained with small populations of only 100 agents, averaged after 100 runs of the program.

The first value to analyze is t_{conv}, showing the results summarized in Figure 1. There are several aspects worth to highlight :

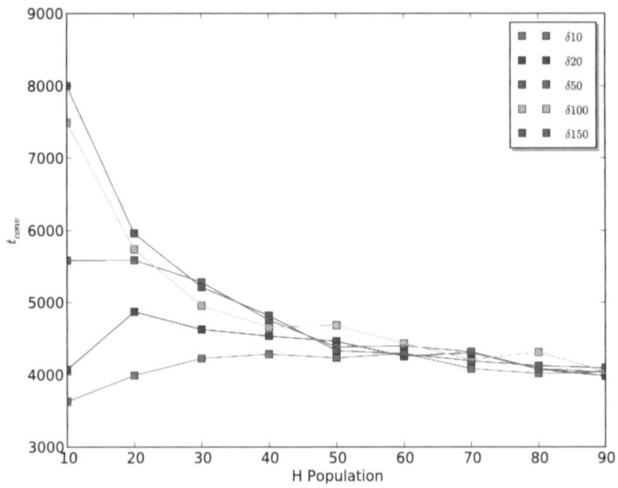

FIGURE 1 – Results of t_{conv} with different values of δ

- δ is important in societies where $H < 50\%$ and very important when $H < 30\%$. With $L \geq 50$, it can be said that the smaller H is, the greater is the impact of δ.
- In groups where $H > 50\%$, the impact of δ is negligible.
- For societies with $\delta \leq 10$, $H = 10\%$ presents a more efficient behaviour than $H = 90\%$. With other values of δ, the configuration with $H = 90\%$ is clearly the fastest to achieve convergence. The difference in the results with $H = 10\%$ and $H = 90\%$ increases proportionally to δ.
- Whereas the results obtained in societies with $H \leq 40\%$ are clearly dependent on δ, the results with social distributions where $H \geq 60\%$ are only slightly dependent on δ, and with $H = 90\%$ the results are independent on δ, this is, there is no influence of δ in the time these societies need to reach convergence.

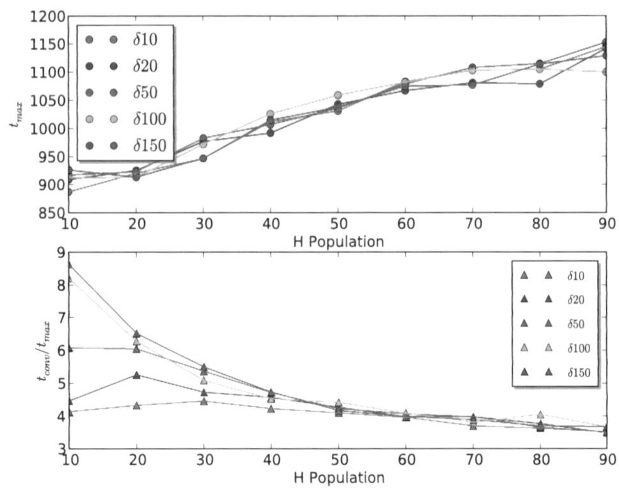

FIGURE 2 – Up : results of t_{max} with different values of δ and H. Down : t_{conv}/t_{max}

Concerning these results, Brigatti, who tested a very similar program using only $\delta 10$, remarks that the consensus is easier in authoritarian communities with a few individuals with high reputation. In our program, this could be said looking also to the outcome with $\delta 10$. But with higher values of δ the interpretation is completely different. These communities get worst results, showing that, finally, the totally reverse distribution, with $H = 90$ is more efficient for convergence, attending only to t_{conv}.

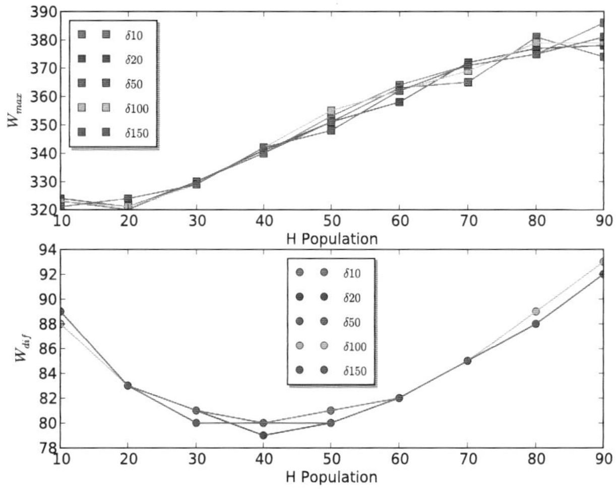

FIGURE 3 – W_{max}, W_{dif} with different values of δ and H

The behaviour of t_{max}, can be seen in Figure 2 (top). On the contrary than the values for t_{conv}, the parameter δ does not seem to have any influence in the final result, that shows a progressive increasing of the value with the higher H. Since t_{max} is a parameter that is linked to W_{max}, the relationship if the value with H can be explained in the following way. In the system, agents belonging to both groups, H and L are allowed to produce new words, but H always have the final winning word, in a way that, being H smaller means having less competence, and this implies generating a smaller amount of words. However, the comparison between t_{conv} and t_{max} refers to another phenomenon. If populations with $H = 10$ reach soon t_{max} and get the worst results for t_{conv}, this means that there is a hard "fight" to decide the final winning word among a small number of them, and spread it in the large population L. This can be seen in Figure 2 (bottom), that explains the relationship between t_{conv} and t_{max}, and shows how systems with $H \geq 50$ are more balanced in transitions t_0 to t_{max} and t_{max} to t_{conv}.

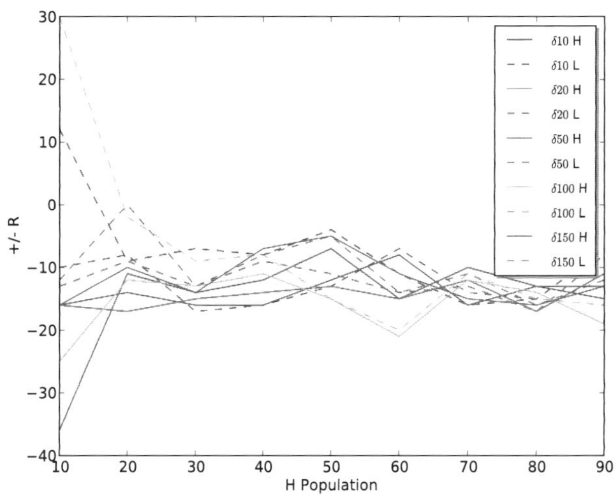

FIGURE 4 – Variation of reputation in systems with asymmetrically distributed populations

Whereas values t_{conv} and t_{max} refer to the speed of the system (society) to converge, W_{max} and W_{dif} establish the memory the system needs to perform the operations to reach the convergence. Figure 3 shows the outcome of the simulation for different values of δ.

The parameter W_{max} has extremely similar results with every δ, with small variation depending on H/L. The value increases from $H = 10\%$ to $H = 90\%$ with almost the same results in any case. An exception to this rule is found with $H = 20\%$, whose results are always lower than the ones with $H = 10\%$. This confirms, again, the difficulty the system finds to converge with a distribution of the $H = 10\%$ with high values of δ.

W_{dif} follows a convex distribution. Like in W_{max}, δ does not seem to have a great impact in the final result. In all cases, the initial left end is 88/89 and the right end is 92/93. The peak is achieved at $H = 40\%$ for $\delta 10$ and $\delta 20$, in $H = 40\%, 50\%$ for $\delta 50$ and in the segment $H = 30\% - 50\%$ for $\delta 100, \delta 150$.

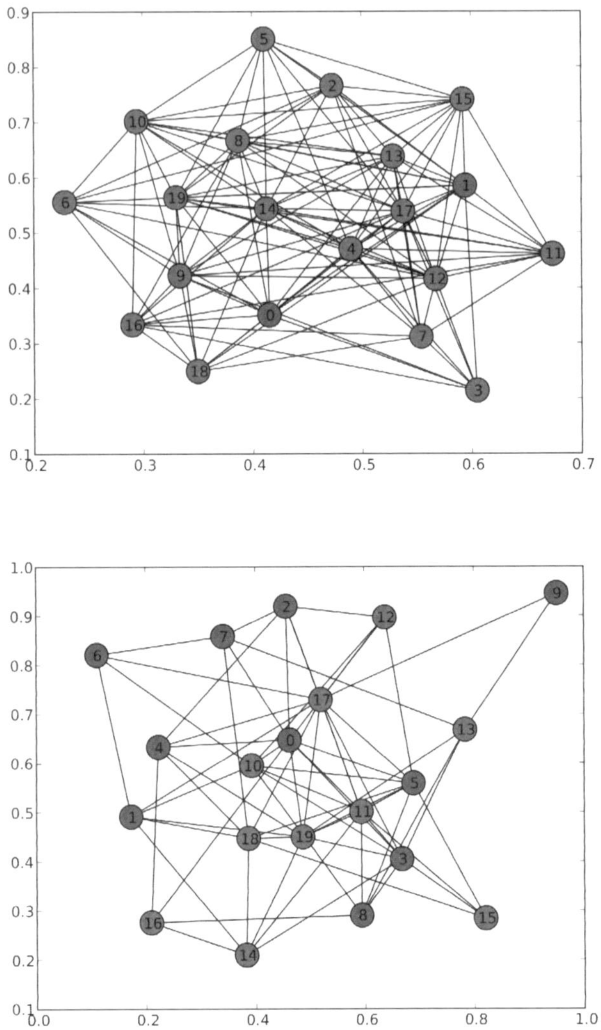

FIGURE 5 – Social dynamics established to reach the consensus in two societies with different distribution of Reputation and social groups. Top $\delta 50$, 50/10. Bottom $\delta 50$, 50/50

The last aspect that we are approaching in this article is the variation of R along the computation. To do that, we check the average difference between the initial and the final reputation in H and L, as it can be seen in Figure 4. As a general tendency, the whole population looses reputation, but the group H looses more than L, like following a rule "if you have more, you lose more". Even though, in general, there is not a relationship between the initial R and the reputation an agent loses. Moreover, there is another unexpected fact, again with populations with $H \leq 10$. In these populations, with high values of δ, the group L strikingly increases the values of R while H decreases such values in the same way.

From here, a prediction can be inferred and should be tested in the future : running different processes of linguistic confluence in societies with asymmetrically distributed R and inheritance of R would give rise to equal R populations.

The social dynamics of the game has been also studied, as can be seen Figure 5. This work is based in the hypothesis that creating language has to do with social interaction, and that while language is in process of convergence, the structure of the society is transforming or emerging. If the society is represented by a dynamic graph, the evolution of the network can show the dynamics of the society. In our simulation, we are using only 20 agents for the sake of clarity. This small sample reproduces in a reduced scale what happens in large societies. At the beginning the agents do not have any connection. For every successful linguistic interaction, an edge is created between S and E. For every unsuccessful interaction between two nodes, if they are joint by an edge, this is removed. The first picture of Figure 5 represents the final state of a very small society with a difference of reputation $\delta 50$ and only the 10% with the highest degree. The picture at the bottom shows how the society with the same value of δ and two different social groups H and L of the same size, reaches a consensus with a considerable faster social negotiation. Therefore, following the model, it can be stated that taking decisions is way more difficult with a small group with higher power.

4 Discussion

This paper highlights the role of reputation in language change, starting from a very simple model (Baronchelli *et al.*, 2006) without pre-established protocols in the agents. The work shows that there are two different parameters, the distribution of reputation in a society and the difference between both groups, that have an influence on the evolution of language.

Considering the efficiency of the systems, the ones using less time and memory in their operations, the conclusions we can extract from these simulations, are the following :

- In terms of time, with values of $\delta > 10$, systems converge faster with configurations where H is 90%.
- In terms of memory, the best configurations are achieved with $H \leq 40$ for W_{max} and $H = 40$ for W_{dif}.
- Considering time/space categories, an optimal configuration of society for fast and efficient convergence would be one with $H = 10/20$ and $\delta \leq 10$. But looking at general conditions, it can be said that systems with $H/L \approx 1$ assure a fast convergence with almost every value of δ.

As for the variation of reputation, the results suggest that after a number of processes the whole population would have similar levels of R, in a way that $\delta \to 0$. A question for the future would be demonstrating this rule by applying simulations many times in the same population with inheritance of R.

For the future, it could be interesting to explore if some other models of language learning and transmission that seem to be more realistic allow the application of reputation in their formalization. The final result of this research can be to remark the importance of social structures in language evolution and change.

Références

BARONCHELLI A., FELICI M., LORETO V., CAGLIOTI E. & STEELS L. (2006). Sharp transition towards shared vocabularies in multi-agent systems. *Journal of Statistical Mechanics : Theory and Experiment*, **2006**(06), P06014.

BRIGATTI E. (2008). Consequence of reputation in an open-ended naming game. *Physical Review E 78*, p. 1–1111.

HOLAND J. (2006). Studying complex adaptive systems. *Journal of Systems Science and Complexity*, **19**(1), 1–8.

NETTLE D. (1998). Using social impact theory to simulate language change. *Lingua*, **95**, 1–1111.

SMITH K., KIRBY S. & BRIGHTON H. (2003). Iterated learning : a framework for the emergence of language. *Artificial Life*, **9(4)**, 371–386.

STEELS L. (1997). Whatever. *Evolution of Communication*, **1**, 1–34.

STROGATZ S. (2001). Exploring complex networks. *Nature*, **410**(6825).

WELLMAN B. & BERKOWITZ S. (1988). *Social Structures : A Network Approach. Structural Analysis in the Social Sciences.* Cambridge University Press.

Stocker des Mots ne Garantit nullement leur Accès.

Michael Zock[1] Didier Schwab[2]
(1) CNRS, Aix Marseille Université
(2) Univ. Grenoble Alpes
michael.zock@lif.univ-marseille.fr, didier.schwab@imag.fr

Résumé. L'objectif de ce papier est double : (a) montrer que le stockage ou la mémorisation d'une forme lexicale ne garantit nullement son accès ou sa disponibilité, et (b) décrire les étapes nécessaires pour construire une ressource susceptible d'aider les rédacteurs à trouver le mot bloqué sur le bout de leur langue (ou de leur plume).

Pour vérifier le premier point, nous avons réalisé une petite expérience en comparant deux ressources pour voir si elles nous permettaient de trouver le terme recherché (mot cible) et si l'accès était facile. Les ressources en question sont WordNet, ou plutôt une version étendue, eXtended WordNet (xWN) et Wikipedia (WP), converti par nous en une ressource lexicale, nommée WordFinder (WF). Il s'avère que cette dernière ressource permet généralement à trouver assez rapidement le terme recherché, alors que xWN y échoue souvent, ou lorsqu'il y parvient, l'élément en question se trouve assez loin dans la liste des candidats. Ceci paraît surprenant dans la mesure où les deux ressources 'possèdent' le même vocabulaire. Cependant la situation devient vite assez claire lorsqu'on regarde les liens entre les mots (l'index ou l'organisation lexicale) des deux ressources. Contrairement à WN, WF contient beaucoup de liens syntagmatiques (café-noir ; café-Brésil ; café-Starbucks,...), permettant de ce fait d'accéder au mot cible par un bien plus grand nombre de mots source.

Ayant montré que 'stockage' n'implique pas forcément 'accès' ou disponibilité, nous présentons ensuite une feuille de route, esquissant les éléments à élaborer pour construire une ressource susceptible d'aider des rédacteurs à trouver le mot bloqué sur le bout de la langue. La construction de notre future ressource est basée sur les raisonnement suivants. L'accès lexical consiste essentiellement à localiser un élément parmi l'ensemble des formes lexicales stockées dans la ressource lexicale (dictionnaire). Comme il est déraisonnable de chercher le mot cible parmi l'ensemble des formes stockées, nous proposons de décomposer ce processus en deux étapes. Dans un premier temps nous essayons de réduire l'espace initial à un ensemble plus petit. A cette fin on présentera tous les mots directement associés au(x) mot(s) source (l'entrée), mot(s) disponible(s), et mot(s) auquel(s) on pense spontanément en cherchant la cible. Dans un deuxième temps on essayera de guider l'utilisateur en lui présentant une version structurée des mots obtenus lors de la phase précédente. Pour atteindre ce dernier objectif il faut donc structurer la liste des mots, ce qui veut dire, qu'il faut former des groupes (clusters) auxquels on donne des noms (arbre catégoriel). Le défi ici est de nommer ces groupes, parce que c'est sur cette base (le nom de ces catégories) que l'utilisateur décidera dans quelle direction aller pour chercher le mot dans un 'paquet' particulier.

Abstract. Dealing with word access in language production we pursue here two goals: (a) provide evidence that 'storage' does not imply 'access' (or, accessibility) ; (b) describe the steps to be carried out to build a resource allowing for interactive word finding.

In order to show evidence for the first claim we compared two resources, an extended version of WordNet (xWN) and WordFinder (WF), a lexical resource based on Wikipedia (WP). One of the goals was to see their respective performance with respect to word access. It appears that our resource (WF) generally finds quicker and more often the target word than xWN. This seems surprising at first sight as both resources 'have' the same vocabulary. Yet this is not surprising any more if one takes a look at the information on which the organization of the two resources is based. WN lacks syntagmatic links, hence it will not perform well when the relationship between the input and the target is encyclopedic knowledge (coffee-Brazil ; elephant-grey).

In order to build the resource required to support wordfinding we started from the following assumptions. Word access is basically finding a specific item (target word) within the lexicon. Put differently, the task is to reduce the entire set (of words contained in the lexicon) to one, the target. Since it is unreasonable to search in the entire lexicon, we suggest a two-step method. The goal of the first is to reduce the initial search space to a smaller set, while the goal of the second is to support navigation by presenting the words identified in step-1 in a clustered and labeled form (categorial tree). The challenge here is to name the clusters, as it is on this basis that the user decides on the direction to go in order to search further for a given word.

Mots-clés : Accès lexical, WordNet, Wikipédia, WordFinder, groupement par catégorie, navigation assistée.
Keywords: Lexical access, WordNet, Wikipedia, WordFinder, categorial tree, clustering, navigational aid.

1 Introduction

Tout le monde admettra que posséder un grand vocabulaire est un atout important. Reste à savoir ce qu'il faut entendre par le terme 'posséder'. Pour nous cela signifie trois choses : avoir *stocké* des signes au sens Saussurien (des couples sens/mot-forme), savoir s'en *servir* en effectuant les bons choix entre des alternatives (synonymes) tout en respectant les contraintes de la langue (collocations), et (c) savoir *trouver* (récupérer) à volonté le sens (compréhension) ou la forme des lemmes (production). C'est surtout ce dernier aspect qui nous intéresse ici, la récupération des formes (lemmes) exprimant un certain sens. Concernant l'accès lexical la mémoire humaine semble bien plus fragile que celle des machines. Ce qui a été stocké dans la mémoire d'une machine nous semble accessible ce qui est loin d'être le cas pour le cerveau humain, comme cela a été maintes fois montré via le phénomène du *mot sur le bout de la langue* (Brown et McNeill, 1966, Brown, 1991). Il nous arrive parfois de ne pas trouver un terme, alors que nous l'avions appris et nous en sommes servi il n'y a pas bien longtemps. Le mot en question a donc bel et bien été stocké (donc, mémorisé), mais pour des raisons diverses, pas toujours identifiables, il est (momentanément) inaccessible. Bien qu'une grande partie du mot est accessible (notamment le sens), la forme du mot reste bloquée sur le bout de la langue (Brown, 1991). Ceci dit, contrairement à ce qu'on pourrait croire, un problème d'apparence identique peut également toucher les machines. Ce n'est pas parce qu'une information (par exemple, un mot) a été stockée, qu'elle est toujours accessible et c'est que nous allons montrer par la suite.

Dans la deuxième partie nous allons présenter l'ébauche d'une feuille de route (ou, d'un programme de recherche), précisant la nature du problème et montrant quels éléments doivent être élaborés pour aider les êtres humains à dépasser ce problème, c'est-à-dire, trouver effectivement le mot recherché.

2 L'accès lexical automatique via une ressource externe

2.1 Comparaison de deux ressources

Comme déjà dit, le fait d'avoir stocké des mots ne garantit nullement leur accès. Pour vérifier cette affirmation nous avons réalisé une petite expérience, en comparant deux ressources : une version étendue de WordNet (WN), eXtended WN (Mihalcea et Moldavan, 2001) et Wikipedia (WP), que nous avons converti en une ressource lexicale, nommée WordFinder (voir 2.2). Notre but n'était pas tant de vérifier la qualité de WN ou d'une de ses extensions que de montrer que (a) le stockage ne garantissait pas l'accès, et que (b) l'accès dépendait de plusieurs facteurs qualitatifs, notamment, celui de la *ressource* dans laquelle s'effectue la recherche, de l'*indice*, et du type de la requête. Ayant deux ressources aux caractéristiques différentes, notre objectif était de vérifier leur efficacité relative par rapport à l'accès lexical. Pour des raisons purement pratiques (limitation du temps de traitement), nous avons seulement pris en compte les voisins directs (c'est-à-dire, les mots à une distance de 1). Par conséquent, nous avons défini une fonction nommée voisinage direct (désormais f_{vd}), qui, une fois appliquée à une fenêtre donnée (phrase / paragraphe)[1], produit toutes ses cooccurrences. Bien sûr, ce qui vaut pour les associations directes (notre cas ici), vaut également pour les mots liés indirectement (distance > 1), c'est-à-dire, des associations médiées.

2.1.1 L'usage de WordNet comme un corpus

Un des objectifs de WN était de construire une ressource ressemblant au dictionnaire mental (réseau associatif), permettant un fonctionnement analogue à celui du cerveau humain (propagation d'activation).

La structure de WN est assez différente de celle des dictionnaires conventionnels, qui eux sont organisés par ordre alphabétique. Aussi, plutôt que de multiplier le nombre de dictionnaires, un pour chaque utilisation ou chaque tâche

---

[1] La taille optimale est une question empirique. Elle peut varier selon le type de texte, encyclopédie texte brut.

(trouver une définition, un synonyme, un antonyme,...), WN a été construit comme une ressource unique, permettant l'accès par des chemins multiples et par le biais de différents type de liens. Comme ce travail est très connu, nous ne le décrirons pas plus en détail ici (Miller, 1990).

Si WN est une ressource lexicale, il peut également être vu comme un corpus. Ceci peut s'avérer très utile, si l'on veut le comparer avec d'autres corpus — comme, par exemple, Wikipedia[2] qui est une encyclopédie multilingue, collaborative et libre — ou si l'on veut faire usage d'une partie spécifique de la base, par exemple, les gloses. Puisque les gloses correspondent schématiquement à la signification d'un mot (définition), leurs éléments (sac de mots) peuvent être utilisés pour accéder au mot dont ils définissent le sens (entrée lexicale, lemme).

WN a eu un grand impact dans la communauté TAL où il est fortement utilisé[3]. Ceci a conduit à la création de nombreuses extensions. Comme déjà mentionné, nous en utilisons l'une d'elles, Extended WN (Mihalcea et Moldovan, 2001), ce qui nous épargne la peine d'avoir à faire face aux problèmes inhérents à l'analyse de textes brut : segmentation, résolution d'ambiguïtés lexicales, lemmatisation,...

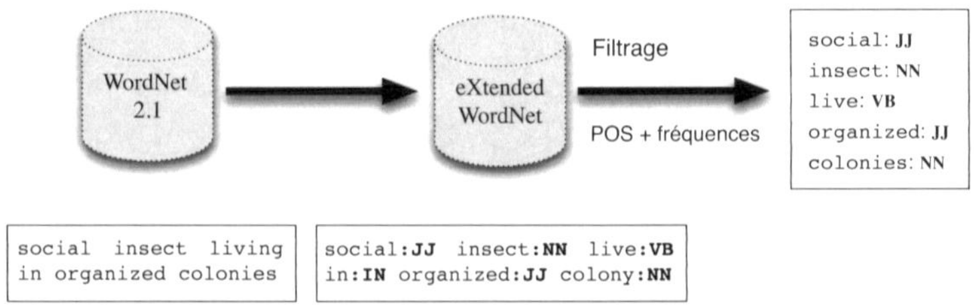

FIGURE 1: WordNet comme corpus (l'exemple étant "ants" (fourmis)).

Deux problèmes demeurent cependant : la taille du corpus (environ 144 000 entrées) et le manque de connaissances encyclopédiques, c'est-à-dire les associations syntagmatiques, faiblesses, qui, pris ensemble, peuvent entraver l'accès lexical. En effet, les concepts fonctionnellement liés comme *dîner-table-repas* ou *pêcher-filet-poisson*, devraient s'évoquer réciproquement, alors que ce n'est souvent pas le cas. Ce problème, connu depuis longtemps par les auteurs de WN est nommé *problème de tennis* (Fellbaum, 1998). Des mots jouant ensemble un rôle dans un domaine ou dans une tâche ne sont pas forcément stockés ensemble. Ainsi, *balle de tennis*, *raquette* et *arbitre* apparaissent dans différentes branches de l'arborescence, alors qu'ils sont tous susceptibles d'être nécessaires lorsqu'on parle du sujet qui les réunit, un match de tennis. De manière analogue, *instrument* et *utilisé_pour*, apparaissent dans différentes parties de la ressource, alors qu'ils sont (quasi-)synonymes. Malgré tout, il faut noter que de réels efforts ont été faits pour surmonter ces problèmes. Par exemple, des informations peuvent être trouvées dans les gloses (dans le cas de *utilisée_pour* et *instrument*), et des mots thématiquement liés peuvent désormais être consultés dans une certaine mesure (Boyd-Graber et al. 2006).

2.1.2 L'usage de Wikipédia comme corpus

Afin de comparer WP et WN, nous avons utilisé la version anglaise, qui, au moment de la rédaction de ce papier (mars 2013) contenait 3.550.567 entrées. WP a exactement des propriétés opposées à WN[4]. Bien qu'il contienne de nombreuses associations syntagmatiques, ce n'est que du texte brut. Ainsi, des problèmes tels que la segmentation du texte ou la lemmatisation doivent être abordés. Pour éviter cela, nous avons utilisé DBpedia (Bizer et al., 2009), une version texte brut de WP. L'utilisation d'un lemmatiseur[5] nous a permis d'annoter les éléments majeurs du paragraphe et de filtrer tous les mots hors de propos, pour ne garder que les plus importants (noms, adjectifs, verbes et adverbes). Ces derniers ont ensuite été utilisés pour la construction de notre base de données.

---

2 http://www.wikipedia.org/

3 Voir Fontenelle (2012) sur l'impact des réseaux sémantiques à la WordNet sur la lexicographie contemporaine.

4 Ces deux ressources ont été alignées, par exemple, dans BABELNET (Navigli et Ponzetto 2010).

5 Dans cette expérience, nous avons utilisé notre propre lemmatiseur basé sur le dictionnaire anglais DELA (http://infolingu.univ-mlv.fr/DonneesLinguistiques/Dictionnaires/ telechargement.html)

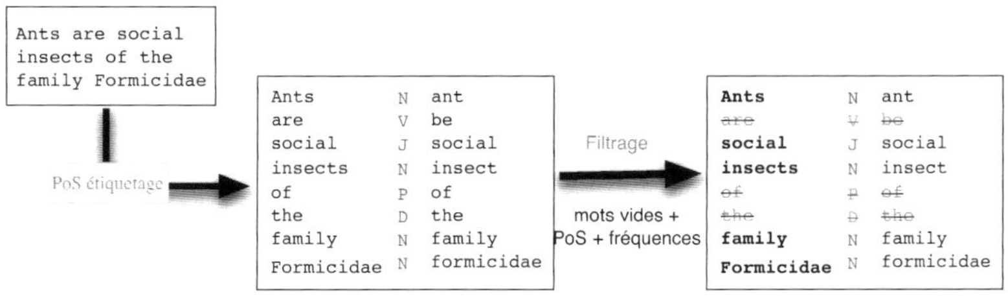

FIGURE 2: Wikipedia comme corpus

2.1.3 Exploitation et comparaison des ressources

Construire la ressource nécessite le traitement d'un corpus et la construction d'une base de données. À cette fin, nous avons utilisé un corpus en appliquant notre fonction de voisinage f_{vd} à une fenêtre prédéterminée : un paragraphe dans le cas des encyclopédies. Le résultat (c'est-à-dire les cooccurrences) est stocké dans la base de données, avec leurs poids, (c'est-à-dire le nombre de fois que deux termes apparaissent ensemble) et le type de lien. Comme mentionné plus haut, ce genre d'information est nécessaire plus tard pour le classement des termes et la navigation.

Les cooccurrences sont stockées sous forme de triplets (M_S, M_{CP}, NB_{occ}), où M_S et M_{CP} désignent respectivement le *mot source* (c'est-à-dire, le mot déclencheur ou *mot requête*) et le *mot cible potentiel*, terme obtenu en réponse à la requête (association directe), tandis que NB_{occ} (nombre d'occurrences), représente le poids, c'est-à-dire le nombre de fois que deux termes apparaissent ensemble dans le corpus, la portée des cooccurrences étant le paragraphe. Bien sûr, il y a d'autres façons de déterminer le poids (par exemple, des informations partagées), et surtout, d'autres facteurs peuvent avoir influer sur l'accessibilité d'un terme, par exemple, la récence. Aussi, les mots produits suite à une requête (M_S), ne sont que des mots cible potentiels. Ils peuvent être la cible, sans l'être nécessairement. Ils peuvent être des termes intermédiaires entre la source et la cible (association indirecte) ou être un terme associé au M_S, sans être le mot recherché pour autant (la cible). Il s'agit simplement d'un terme associé.

2.2 Utilisation

Pour montrer les qualités relatives d'une requête, nous avons développé WordFinder, un site web en Java (bientôt disponible sur nos pages d'accueil respectives). L'utilisateur communique au programme via cette interface les mots source. Le programme calcule alors les mots les plus probables d'être la cible, puis il transmet cette liste après avoir mise à jour la page. L'utilisateur peut alors choisir de rajouter des mots à sa requête en l'ajoutant dans le champ prévu à cet effet ou en cliquant sur les termes de la liste. Par exemple, si les entrées sont *récolte*, *vin*, *raisin*, le système va afficher tous les mots co-occurrents (associations directes, figure 3). Bien sûr, si nous utilisons plusieurs corpus, comme c'est le cas ici, nous devons afficher les résultats pour chacun d'eux.

La sortie est une liste ordonnée de mots, l'ordre étant fonction du score global : le nombre de cooccurrences entre les M_S et le mot associé, appelé le *mot cible potentiel* (M_{CP}). Par exemple, si le M_S *bouquet* apparaissait cinq fois avec *vin* et huit fois avec *récolter*, nous obtiendrions un score ou poids global de 13 : ((vin-5, récolte-8), bouquet, 13). Les poids peuvent être utilisés pour classer les mots en terme d'ordre (de priorité) et pour choisir les mots à présenter. Ceci peut devenir nécessaire pour peu que la liste soit longue.

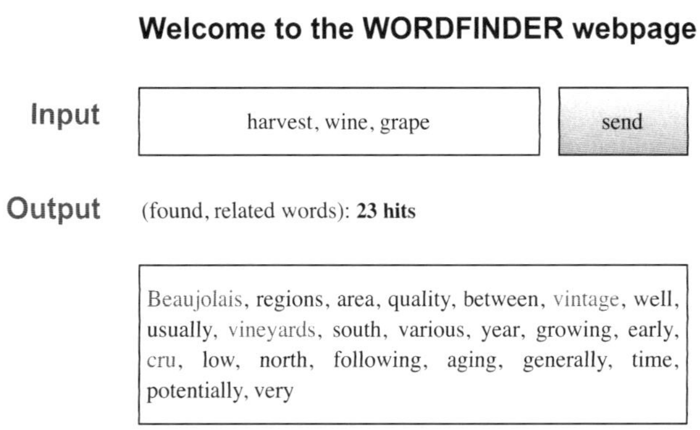

FIGURE 3: Sorties produites en réponse aux entrées 'récolte, vin, raisin'

2.2.1 *Exemples de requêtes et comparaison des deux ressources*

La figure 4a ci-dessous montre les résultats produits respectivement par WN et par WP pour les entrées *vin*, *récolte* ou leur combinaison : *vin + récolte*.

Entrées :	*Sorties* de WordNet	*Sorties* de Wikipedia
wine	**488 candidats :** grape, sweet, serve, france, small, fruit, dry, bottle, produce, red, bread, hold...	**3045 candidats :** name, lord characteristics, christian, grape, France, ... vintage (81 ème position), ...
harvest	**30 candidats :** month, fish, grape, revolutionary, calendar, festival, butter-fish, dollar, person, make, wine, first,...	**4583 candidats :** agriculture, spirituality, liberate, production, producing, ..., vintage (112 ème position), ...
wine + harvest	**6 candidats :** make, grape, fish, someone, commemorate, person	**353 candidats :** grape, France, vintage (3 ème position), ...

FIGURE 4a: Comparaison de deux corpus pour trois entrées différentes

Notre objectif était de trouver le terme *vintage* (vendange). Les résultats montrent que *récolte* est un meilleur terme de requête que *vin* (488 vs 30 candidats) et que leur combinaison est meilleure que chacun des deux termes seul (6 candidats). Ce qui est plus intéressant est le fait qu'aucun de ces termes ne correspond au mot cible, bien que celui-ci soit dans WN, ce qui étaye notre hypothèse que le stockage d'un terme ne garantit nullement son accès (voir également Sinopalnikova & Smrz, 2006, Tulving & Pearlstone, 1966).

Les choses peuvent beaucoup changer lorsque nous construisons notre index sur la base d'autres informations, par exemple, sur la base d'informations encyclopédiques, comme celles contenues dans WP. Dans ce cas, le terme *vin* évoque beaucoup plus de mots que WN (3045 au lieu de 488, avec *vendange* dans la position 81). Pour 'récolte' nous obtenons 4583 réponses au lieu de 30, *vendange* arrivant en position 112. La combinaison des deux produit 353 réponses, propulsant le mot cible à la 3ème position, donc, très proche de la tête de la liste.

Nous espérons que cet exemple suffit pour convaincre le lecteur de l'intérêt qu'il y a à utiliser des corpus équilibré, c'est-à-dire, des textes riches, mais hétérogènes, pour construire l'index grâce auquel l'usager peut naviguer dans la ressource pour trouver le mot qu'il a sur le bout de la langue, mot qu'il connaît sans pouvoir l'activer (complètement) pour autant. On notera, que ce problème n'est pas sans rappeler le déclin progressif d'une fonction cérébrale nommé *dégradation gracieuse*, phénomène pris en compte par des architectures connexionistes (Bechtel et Abrahamsen, 1991).

2.2.2 *Analyse de cet échec relatif*

On peut se demander pourquoi nous n'avons pas réussi à accéder aux informations dans WN, alors qu'elles y étaient, et pourquoi WP a fait tellement mieux. Nous croyons que l'échec relatif de WN est principalement dû à deux facteurs : la taille du corpus (114000 mots au lieu de 3 550 000 dans le cas de WP), et le nombre de liens syntagmatiques, qui tous les deux sont assez faibles par rapport à WP. Ce dernier point a déjà été souligné par G. Miller, lorsqu'il écrit : "WordNet provides a good account of paradigmatic associations, but contains very few syntagmatic links. .... If we knew how to add to each noun a distinctive representation of the contexts in which it is used... WordNet would be much more useful." (Miller, in Fellbaum, 1998: 33-34). C'est précisément ce que nous comptons faire (voir section 3).

Évidemment, comme WP est une encyclopédie, elle contient beaucoup plus de liens syntagmatiques que WN. Par vocation, WP contient beaucoup plus d'informations générales que WN concernant chacun des mots. Autrement dit, la taille de WN n'est pas un argument affaiblissant notre conclusion. Ceci dit, nous pouvons échouer à trouver l'objet recherché, même dans un très grand corpus. La réussite dépendant de la qualité de la ressource (couverture, adéquation), de la qualité de la requête, ou des deux. De plus, comme déjà mentionné, le point faible ne réside pas tant dans la quantité de données, que dans la qualité de l'index (la rareté relative des liens).

Afin d'être juste envers WN, il faut admettre que, si nous avions construit notre ressource différemment, par exemple, en incluant dans la liste tous les termes liés, non seulement les mots directement évoqués (mots cibles potentielles), mais aussi tous les mots contenant le mot-source (*wine*, i.e. *vin*) dans leur définition (*Bordeaux*, *Retsina*, *Tokai*), nous aurions sûrement obtenu le terme *vendange*, puisque le mot *vin* est contenu dans sa définition (*vintage* : a season's yield of wine from a vineyard). On peut aussi remarquer que le succès peut varier assez considérablement, en fonction des termes choisis (mots cibles). Comme le montre le tableau ci-dessous, WN obtient des meilleures performances que WP pour les termes *ball*, *racket* et *tennis*. Ceci dit, WP suit de près, tout en contenant beaucoup d'autres mots susceptibles d'induire le mot cible, les termes *player*, *racket*, et *court*, étant classés respectivement 12, 18 et 20. N'étant pas une encyclopédie, WN ne possède pas la plupart d'entre eux. En revanche, ce qui est plus surprenant, et probablement un fait assez local et exceptionnel, il contient des informations très spécifiques et de nature encyclopédique, à savoir, le nom de deux grandes anciennes championnes de tennis : Monica Seles et Steffi Graf.

Entrées :	*Sorties* de WordNet	*Sorties* de Wikipedia
ball	**346 candidats :** game, racket, player, court, volley, wimbledon, championships, inflammation, ..., tennis (15 ème), ...	**4891 candidats :** sport, league, football, hand, food, foot, win, run, game, ..., tennis (position 27), ...
racket	**114 candidats :** break, headquarter, gangster, lieutenant, rival, kill, die, ambush, tennis (38 ème), ...	**2543 candidats :** death, kill, illegal, business, corrupt, ..., tennis (position 72), ...
ball + racket	**11 candidats :** game, tennis, (2 ème), ...	**528 candidats :** sport, strike, tennis (3 ème position), ...

FIGURE 4b : Comparaison de différentes entrées dans deux corpus

Dernier point, contrairement à ce que l'on pourrait croire en apprenant que WN a été conçu en s'appuyant sur des données psycholinguistiques, WN n'a pas été conçu en vue d'une consultation. Voici les mots de son concepteur: "WordNet is an online lexical database designed for use under program control." (Miller, 1995, p. 39).

C'est pour combler cette lacune que nous allons esquisser dans le reste de cet article, une feuille de route afin de construire un dictionnaire destiné aux producteurs de langue (rédacteurs, locuteurs).

3 Une feuille de route pour construire la carte sémantique permettant à l'explorateur de s'orienter dans l'espace lexical

Chercher un mot dans un dictionnaire sans bon index est un peu comme s'orienter sur une île déserte sans carte convenable. Autrement dit, il faut construire une carte permettant à l'utilisateur de s'orienter dans cet espace lexical. Nous allons esquisser ci-dessous la construction de cette ressource, mais d'abord nous allons essayer de clarifier ce qu'il faut entendre par 'accès lexical', terme qui semble *a priori* évident. Et pourtant,...

3.1 Prémisses et fonctionnement de la recherche lexicale

Tous les mots du dictionnaire sont liés entre eux par des associations. Ces liens sont soit directs (associations immédiates, voisins directs), soit plus ou moins indirects : associations médiatisées (les voisins de voisins, des voisins,...). Aussi, si 'jaune' évoque 'canari' ou 'citron' on dira que 'jaune-canari' et 'jaune-citron' sont liés directement, l'un pouvant évoquer l'autre. Ceci dit, cette information serait insuffisante si la cible était le mot exprimant la saveur du fruit mentionné. Mais comme le mot 'citron' évoque entre autre la notion d'acidité, on trouvera le terme recherché à l'étape suivante, puisque 'jaune' (mot source) et 'acide' (mot cible) sont liés indirectement via le mot fruit (citron).

Le dictionnaire est donc un graphe connexe ce qui a pour conséquence que tous les mots sont accessibles à partir de n'importe quel mot. Le nombre d'étapes dépendra de la distance entre le *mot source* (M_s), mot ne vous venant pas à l'esprit, et le *mot cible* (M_c), mot représentant le but de la recherche. Chercher un mot consiste donc à entrer le réseau à un endroit quelconque en fournissant le mot source et de suivre les liens jusqu'au mot cible (mot bloqué sur le bout de la langue). Si ce dernier est un voisin direct, le système l'affiche immédiatement, et le problème est résolu. Dans le cas contraire, l'utilisateur peut continuer en changeant de M_c. Celui-ci peut être un des termes obtenues suite au M_c initial, soit un tout autre mot.

L'association (ou, l'index créée à partir d'associations) est donc l'une des bases de notre méthode de recherche. Elle a pour vocation de révéler le mot cible (voisin direct), soit de nous guider vers un mot plus proche (voisin indirect). Dans tous les cas, cette méthode nous permettra de réduire l'espace de recherche. L'étape suivante consiste à grouper et à nommer les grappes de mots obtenus suite à l'entrée, le M_s. L'objectif de ce travail est d'aider l'utilisateur à naviguer dans une liste de mots (désormais) structurés.

Pour résumer : comme lancer une recherche dans l'intégralité d'une ressource (dictionnaire) pour trouver un mot (M_c) paraît déraisonnable, nous proposons de diviser ce processus en deux étapes. Lors de la première, on réduit l'espace initial, en ramenant l'ensemble des mots stockés dans la ressource aux voisins directs de l'entrée (M_c), liste qu'on structure ensuite en formant des groupes (clusters) auxquels on donne des noms. Aussi l'utilisateur pourrait-il naviguer dans un arbre catégoriel plutôt que dans une liste plate, ce qui devrait considérablement accélérer la recherche.

La difficulté de cette deuxième étape consiste essentiellement à trouver des noms adéquats aux groupes formés. Idéalement ces noms devraient correspondre à ceux que la majorité des gens donneraient à ces groupes, car, c'est via ces noms ou catégories qu'ils vont décider dans quelle direction orienter leurs efforts pour chercher le mot dans un groupe plutôt que dans un autre. Le figure 5 ci-dessous résume notre objectif, notre raisonnement et notre méthode. Ceci dit, beaucoup de détails restent à être clarifier : quels corpus utiliser, quel algorithme développer pour grouper et nommer ces listes de mots.

3.2 L'accès lexical : un processus en deux étapes

D'abord que faut-il entendre par 'accès lexical' (en mode production) ? Cela peut vouloir dire plusieurs choses. Pour ce qui nous concerne ici cela signifie « trouver *un* élément spécifique (mot cible) parmi l'ensemble des mots stockés dans la ressource (le dictionnaire) ». Ceci peut vouloir dire pour un être humain, trouver un terme parmi, environ 50.000 autres (son dictionnaire mental). La tâche consiste donc à réduire l'ensemble des candidats (ensemble de mots contenus dans le dictionnaire) à un seul, le mot cible. Comme il est hors question d'effectuer une recherche dans l'ensemble du dictionnaire, nous proposons de procéder en plusieurs étapes, plus précisément, deux. L'objectif de la première est de réduire l'espace de recherche initial (50.000) à un ensemble plus petit (par exemple, 100-150 mots), alors que l'objectif de la seconde est d'aider l'explorateur (l'être humain naviguant dans ce sous-ensemble) à naviguer. À cette fin on lui présente les mots identifiés à l'étape 1 dans des ensembles étiquetés (arbre catégoriel). Il y a donc deux aspects importants dans cette deuxième phase : grouper les mots et donner aux groupes des noms utilisables (*meaningful*) par l'utilisateur. À cet égard, utiliser « plus général » paraît plus pertinent qu'utiliser 'hyperonyme', parce que compréhensible par un plus grand nombre d'utilisateurs.

Il convient de noter que les locuteurs dans l'état du mot sur le bout de la langue (MBL) savent toujours quelque chose à propos du mot cible (Brown et McNeill, 1966). C'est précisément de cette information que nous allons nous servir. Ce sera l'entrée, la première prise de contact avec le dictionnaire. Étant donnée une entrée, le système affichera alors tous les mots directement liés (mots à une distance de 1, c'est à dire, toutes les associations directes).[6] Ce genre d'informations peut être glané dans une ressource comme le *Edinburgh Association Thesaurus* (EAT) (Kiss et al. 1973).[7] Comme ceci produira toutefois une liste trop longue pour permettre de trouver rapidement le terme recherché, nous proposons de regrouper les mots par familles, et de donner aux groupes des noms afin de faciliter la navigation. Comme on le voit, cette deuxième étape est cruciale, car sans elle l'utilisateur serait noyé sous une énorme liste de mots non-structurés. La figure 5 résume l'ensemble des opérations.

Notez que pour afficher correctement l'espace de recherche, c'est-à-dire l'ensemble de mots parmi lesquels chercher le mot cible (étape 1), il faut, dans un premier temps, lever toute incertitude sur l'entrée (désambiguïsation) afin d'éviter au maximum le bruit. Ne sachant pas quel sens est celui souhaité par l'utilisateur, le système risque d'afficher l'ensemble des associations possibles : « souris :animal » vs. « souris : dispositif informatique ». Il s'agit d'un désagrément que l'on aimerait éviter.

Notez également, que pour construire le guide en question, deux éléments doivent être construits (ou utilisés) : (1) un réseau lexical basé sur la notion d'association et (2) une méthode permettant de grouper les mots donnés en réponse à l'entrée. Ces groupes se verront attribuer un nom parlant pour que l'utilisateur de cette ressource puisse comprendre ce qui les réunit. Si la première étape commence à poser moins de problèmes à l'heure actuelle, la construction automatique de l'arbre catégoriel en question est loin d'être résolu, et ceci malgré la très grande littérature consacrée au problème de la catégorisation (Zhang et al., 2012, Bieman, 2012 ; Everitt et al. 2011).

---

6 Si l'utilisateur fournit plusieurs termes en entrée, le système affichera l'intersection des termes associés.

7 http://www.eat.rl.ac.uk

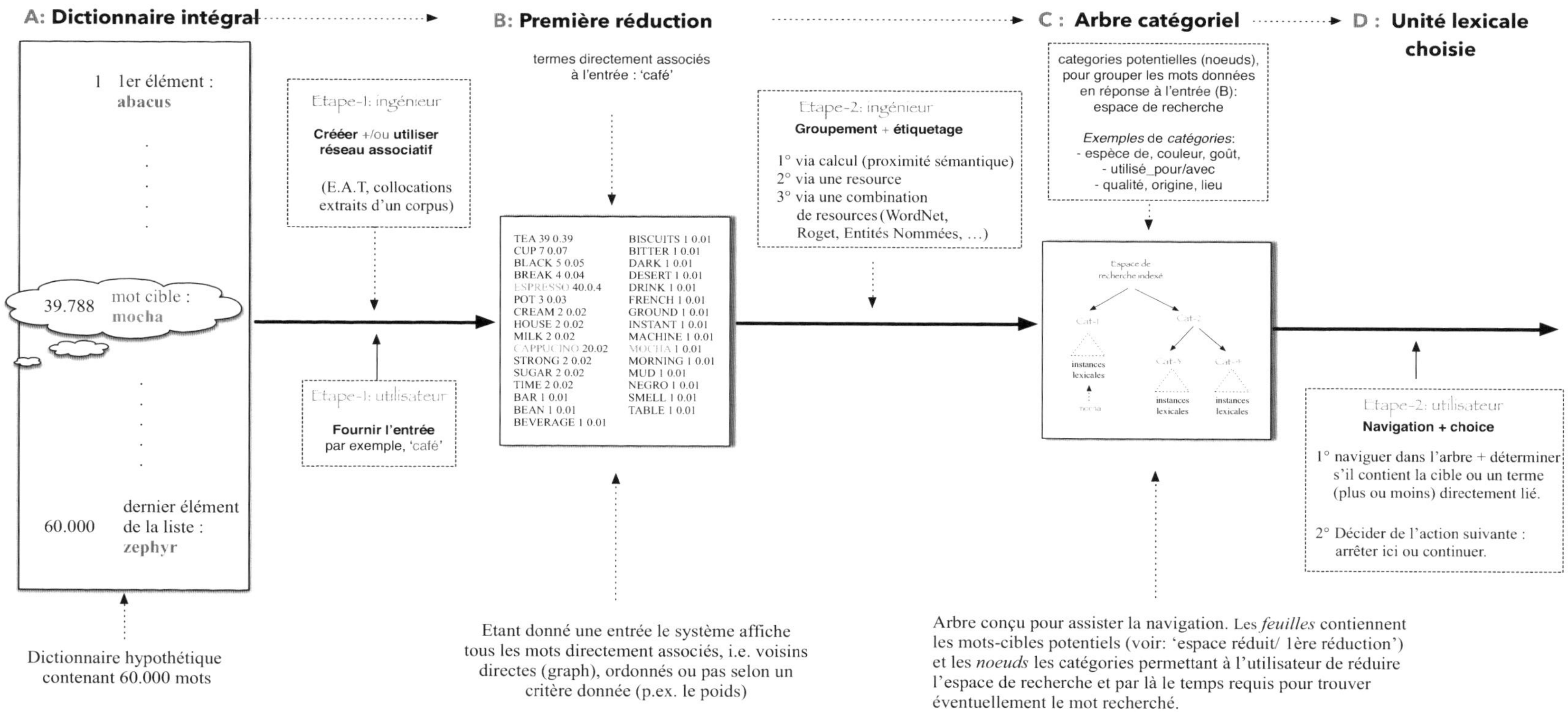

FIGURE 5 : L'accès lexical comme un dialogue en deux étape

4 Conclusion

L'objectif de ce papier était d'attirer l'attention sur le fait que d'avoir *stocké* un mot ne signifiait nullement pouvoir y accéder. Pour le permettre, nous nous avons esquissé une feuille de route précisant (1) la nature du dialogue entre l'utilisateur et la machine et (2) les éléments à mettre en place afin de permettre une navigation par association. La suite consistera donc à mener des expériences concrètes pour voir quel type de ressource (corpus ou autre) nous fournira la meilleure carte (étape-1) et quelle méthode nous permettra de présenter ce résultat sous forme d'un arbre dont les nœuds sont des catégories compréhensibles par l'être humain, tout en nommant de manière compréhensible et non-ambigüe la classe dont les éléments font partie (étape-2).

Références

BECHTEL, W. & ABRAHAMSEN, A. (1991). *Connectionism and the mind: A introduction to parallel processing in networks*. Oxford: Basil Blackwell. Traduction française par J. Proust. *Le connexionnisme et l'esprit: Introduction au traitement parallele par réseaux*, Paris: Editions la Decouverte, 1993.

BIEMANN, C. (2012). Structure Discovery in Natural Language. Theory and Applications of Natural Language Processing. Springer Berlin / Heidelberg.

BIZER, C., LEHMANN J., KOBILAROV G., AUER S., BECKER C., CYGANIAK R. & HELLMANN S. (2009). DBpedia – A Crystallization Point for the Web of Data. *Journal of Web Semantics: Science, Services and Agents on the World Wide Web*, Issue 7, 154–165.

BOYD-GRABER, J., FELLBAUM, C., OSHERSON, D. & SCHAPIRE, R. (2006). Adding dense, weighted connections to WordNet. *Proceedings of the Third Global WordNet Meeting*, Jeju Island, Korea. pp. 29-35

BROWN, A. (1991). A review of the *tip of the tongue* experience. *Psychological Bulletin*, 10, 204-223

BROWN, R. & MC NEILL, D. (1966). The tip of the tongue phenomenon. *Journal of Verbal Learning and Verbal Behavior*, 5, 325-337

EVERITT, B.S., LANDAU, S., LEESE, M. et STAHL, D. (2011). Cluster Analysis: 5th Edition, John Wiley & Sons, Ltd

FELLBAUM, C. (éd.) (1998). WordNet: An Electronic Lexical Database and some of its Applications. Cambridge, MA: MIT Press.

KISS, G., ARMSTRONG, C., MILROY, R. & PIPER, J. (1973). An associative thesaurus of English and its computer analysis. In: A. Aitken, R. Beiley and N. Hamilton-Smith (eds.). The Computer and Literary Studies. Edinburgh: University Press.

MIHALCEA, R & MOLDAVAN, D. (2001). Extended WordNet: progress report. In NAACL 2001 - *Workshop on WordNet and Other Lexical Resources*, Pittsburgh, USA.

MILLER, G.A. (éd.). (1990). WordNet: An On-Line Lexical Database. *International Journal of Lexicography*, 3(4).

MILLER G. A. (1995). WordNet : A lexical database for english. Communications of the ACM, 38 (11), 39–41.

NAVIGLI, R. & PONZETTO, S.P. (2010). BabelNet: Building a very large multilingual semantic network. *Actes du 48th Annual Meeting of the Association for Computational Linguistics*, Uppsala, Suède, pages 216-225.

SINOPALNIKOVA, A. & SMRZ, P. (2006). Knowing a word vs. accessing a word: WordNet and word association norms as interfaces to electronic dictionaries. In Proceedings of the Third International WordNet Conference, pages 265–272, Korea.

TULVING, E. & PEARLSTONE, Z. (1966). *Availability* versus *accessibility* of information in memory for words. Journal of Verbal Learning and Verbal Behavior, 5, 381-391

ZHANG, Z., GENTILE A.L. & CIRAVEGNA, F. (2012). Recent Advances in Methods of Lexical Semantic Relatedness – a Survey . In the *Journal of Natural Language Engineering*, 19(4), 411-479, Cambridge Universtiy Press.

AUTHOR INDEX

Association for Computational Linguistics
209 N. Eighth Street
Stroudsburg, Pennsylvania 18360

25th International Conference on Computational Linguistics

(COLING 2014)

Tutorial Abstracts

Dublin, Ireland
23 - 29 August 2014

ISBN: 978-1-63439-197-9